삭발하는 날

잔잔한
산승의 일상
들여다보기

―

현진

삭발하는 날

담앤북스

개정판을 내면서

개인적으로 이 책을 무척 아끼고 자랑스러워한다. 첫 수필집이라는 이유도 있겠지만 무엇보다 풋풋한 수행의 이야기들을 여실하게 담고 있기 때문이다. 책장을 넘길 때마다 오래된 일기장을 펼칠 때의 기분을 느낀다. 서툴지만 20대 젊은 수행자의 설익은 구도 일정이 인간적인 고뇌와 함께 묻어나고 있다. 지금 보면 유치한 감상을 드러낸 글도 있어 민망하지만 그 나름대로 수행의 현장을 기록한 흔적이라는 점에서 감회가 새롭다. 이러한 내용들은 불과 이십여 년 전 선방의 풍경을 담은 수행 일기이지만 매우 빠르게 변화하는 요즘의 세태에서 보면 흥미와 함께 격세지감을 느낀다.

이제 인연이 도래하여 두 번째의 개정판을 세상에 내놓게 되었다. 세월이 지나면 모든 것은 빛바래고 추억이 되는 것이 세상 이치인데 기억해 주는 독자가 있어서 고마울 뿐이다.

오랫동안 살던 집이라 하더라도 쓸고 다듬어서 손질을 하면 새집처럼 느껴지듯, 이 책 또한 묵은 먼지를 털었으니 말끔해진 얼굴로 독자 여러분들을 만나리라 기대한다.

여기 실린 대부분의 글은 해인사와 송광사에서 수행하던 시절의 이야기다. 이 책을 읽는 모든 이들이 행복하길.

2013년 초봄에
현진

차례

제1장
한 철 정진 잘합시다

한 철 정진 잘합시다 · 10 _ 소임 정하기 · 13 _ 대중에 수순하는 공부 · 16 _
단옷날 소금 묻기 · 18 _ 노래 잘하는 김 처사 · 21 _ 목욕하는 날 · 23 _
꿩 수좌 · 26 _ 방함록 보기 · 29 _ 뒤쪽을 살피시오 · 32 _
벽안의 도반 · 35 _ 용맹정진 1 · 37 _ 용맹정진 2 · 40 _
선방 일기 · 50 _ 해제하는 날 · 54 _

제2장
햇출가 햇스님

첫철 방부 · 58 _ 햇출가 햇스님 · 62 _ 군불 예찬 · 67 _
수행길 산행길 · 71 _ 도반 만나는 날 · 75 _ 김장 담그기 · 79 _
감자 울력 · 83 _ 박 행자의 삭발 · 87 _ 원두 일기 1 · 91 _
원두 일기 2 · 95 _ 두견주 담그기 · 99 _ 한여름 · 102 _
오후 분식 · 105 _

제3장
치문리 일기

삭발하는 날 · 110 _ 울력하는 날 · 113 _ 결제날 아침 · 116 _
눈 오는 날 · 120 _ 도반의 병실 · 123 _ 쑥떡 공양 · 127 _
삭발하는 아침 · 131 _ 시자실 한담 · 135 _ 빨래 손질 · 139 _
환속한 도반 이야기 · 143 _ 용맹정진 뒷이야기 · 149 _ 소임자 뽑는 날 · 154 _
설날 · 158 _ 오렌지빛 승복 · 162 _

제4장
혼자 하는 삭발

혼자 하는 삭발 · 172 _ 비 오는 가을밤 · 174 _ 일상의 질서 · 178 _
어느 보살님께 · 182 _ 비 오는 날에 · 186 _ 묵은 일기장에서 · 190 _
수리수리 마하수리 · 194 _ 어느 입적 · 197 _ 두 번째 출가 · 199 _
근심을 푸는 곳 · 202 _ 여행은 만행처럼 · 205 _ 다경향실 · 208 _
다화 한담 · 217 _ 단순하게 · 221 _

제5장
지대방 이야기

―

단청 불사 · 224 _ 스님과 중님 · 227 _ 성철 노스님 · 230 _
구암 노스님 · 235 _ 일타 노스님 · 243 _ 영암 노스님 · 246 _
진짜 스님 · 250 _ 빙귀 수좌 · 252 _ 남녁 시험 · 255 _
사대 괴각 · 259 _ 절구통 수좌 · 262 _ 지대방 이야기 1 · 266 _
지대방 이야기 2 · 271 _ 지대방 이야기 3 · 274 _ 장경각 뒷이야기 · 276 _

삭발하는 날

제1장
한 철 정진 잘합시다

한 철 정진 잘합시다

해인사에서 한 철을 살게 되었다. 선원 큰방에 방부를 끝내고 나니 마음이 한결 든든하고 새롭다. 그동안 해제철을 아무렇게나 지내온 탓에 더욱 그럴 게다. 오늘이 음력으로 사월 초하루. 앞으로 결제날까지 꼭 보름이 남았다. 지금 쉬고 있는 절에서 초파일만 봐주고 떠날 생각이다.

선원 객실에서 만난 스님들 가운데 도반도 여럿 있다. 이제 대중 선원에서 학인 시절에 함께 산 도반들과 또 한 철 수행하게 된 것이다. 객실에 모인 스님네를 보면 한 철 함께 지낼 대중을 대충 파악할 수 있다. 공부가 익은 구참이 많은 것 같다. 이제 첫 철을 지내는 풋내기 수좌로서는 아무래도 구참이 많아야 힘이 적게 들고 공부가 순일하다.

그믐날 저녁이면 객실은 다른 날보다 방부하는 스님들이 더욱 붐벼 발 디딜 틈이 비좁을 지경이다. 초하룻날 아침에 이른 스님들께 인사 드리고 이어서 큰방 대중에게 안거를 지낸다는 뜻을 전달하고 나야 비로소 마음이 놓인다.

대중처소에 살려 해도 뜻대로 되지 않는 경우도 있다. 더군다나 총림의 선방이나 봉암사 같은 곳은 결제하기 한 달 전부터 서두르지 않으면 초참들은 한 철 지내기가 쉽지 않다. 해인사에서 살려고 그동안 몇 차례 객실을 찾았다. 지객 스님의 얼굴을 미리 익혀 두어야 수월하기 때문이다. 방부를 받고 관물장을 내주고 자리를 정해 주는 일까지 지객이 맡는다.

방부하는 날 은근히 걱정이 되었던 게 사실이다. 첫 철을 해인사에서 나기로 원력을 세웠는데 방부를 허락하지 않으면 부득이 다른 처소로 옮겨 살 수밖에 없는 형편이기 때문이다. 다행히 지객 스님이 "총림의 청규를 잘 지켜 한 철 정진을 잘하도록 합시다" 하는 말과 함께 입방入房 원서를 내밀면서 빈칸에 인적사항을 적으라고 했다.

어딜 가든 출가 본사와 은사는 반드시 밝혀 적는다. 이것저것 수행 이력을 적고 청정 수행할 것을 서약하는 인장을 찍으면 문서 작성은 끝난다. 맨 아랫줄 안거 횟수는 아직 빈칸이다. 하안거를 세 번쯤 지내야 초참 신세를 면하게 된다. 뒷면에는 안거 기간에 지켜야 할 규칙들이 열거되어 있다.

비구로서 정진에 결함이 없는 자.
간식은 차 공양 때만 가능.
정진은 가행정진加行精進으로 하며 수면은 네 시간.
날마다 백팔 참회.
용맹정진에 불참할 때는 퇴방.
산문을 내려가는 이는 곧바로 퇴방.

예전에는 해인사 선원에 방부하려면 방장 스님 앞에서 능엄신주를 줄줄 외워야 입방이 가능했다고 한다. 그러니 지금은 훨씬 수월한 편이다. 사실 이 같은 청규는 철저한 수행 정진으로 사는 이라면 아무것도 아닌 사항이다.

한 철 함께 살 스님들이 큰방에 모였을 때 객실에서 본 스님들 가운데 몇몇은 빠져 있었다. 같이 살지 못하여 아쉽다. 구참 스님들과 무릎을 맞대고 공부를 잘할 수 있을지 벌써부터 걱정이다.

소임 정하기

　결제 걸망은 무겁다. 한 철 지낼 살림살이를 대충이라도 챙겨야 하기 때문이다. 행각할 때의 걸망보다도 부피가 더 크다. 장삼과 가사, 발우는 꼭 갖추어야 하는 비구육물比丘六物에 든다. 속옷 한 벌과 갈아입을 승복 한 벌이 더 필요하다. 묵직한 결제 걸망을 멜 때마다 한 철 알차게 공부하겠다는 각오가 새롭다.

　머무르던 곳을 떠날 때마다 왜 자꾸만 망설여지는지 모르겠다. 한 곳에 안주하고 싶은 본능이 해가 갈수록 심해지는 듯하다. 그리고 방일과 타성의 무서움을 알고 있다. 그것이 언제나 내 떠남을 무겁게 하기 때문이다. 홀로 떠날 때의 홀가분함에 익숙해지려면 떠나는 연습을 거듭해야 할 게다.

　해인총림은 종정 성철 스님의 덕화로 더욱 빛난다. 법보종찰로서 이백여 명의 대중이 수행하는 곳, 그래서 총림이다. 공부하는 스님들로 숲을 이루었다는 뜻이다.
　수행자는 산을 닮는다. 해인사에 사는 스님들은 성격이 불같이 급하고, 무슨 일을 해도 앞뒤가 똑 부러진다. 앞산과 뒷산이 화산火山의 형국이기 때문이다. 흔히 해인사를 대표적인 남성 사찰로 꼽는 것도 이러한 까닭에서다.
　다른 처소에 살다가도 해인 산문만 들어서면 기운이 살아난다. 그리고 보면 내 성미도 꽤 급한 편일 성싶다. 개성이 강한 스님들이 모인 곳이라 때로는 시끄러운 일도 생긴다. 그래도 젊은이는 해인사에 살아야 제대로 수행하는 것 같다고들 한다. 또 해인사만큼 객을 대접하는 곳도 드물다.

방榜 짜는 날 저녁에 비로소 대중의 얼굴을 제대로 볼 수 있었다. 구참들을 빼놓고는 대개가 낯익은 스님들이다. 법랍이 쌓이는 만큼 알고 지내는 반연도 많아지는가 보다. 방이란 한 철 지내면서 맡게 될 소임을 말하는 것이다. 먼저 대중을 통솔할 열중을 모시고 다음으로 규율을 다스릴 청중을 뽑게 되는데, 이 같은 대중 소임은 대개 구참 스님들의 몫이다. 아무나 섣불리 맡겠다고 나설 수 없는 게 대중 소임. 사실 한 철 정진 분위기는 소임자의 수완에 달렸다고 해도 지나치지 않다. 따라서 공부의 흐름을 잘 아는 노련한 구참자가 제격이다.

소임이 참 많다. 어렵고 힘든 아래 소임은 타자 밑 하판들의 몫이다. 내가 맡은 소임은 다각. 공양 뒤에 차와 과일을 내놓는 일로서 대개 첫 철을 지내는 초참들이 맡는다. 때로는 대중을 시봉한다는 생각으로 여러 철 지낸 스님들이 힘든 다각 소임을 자원할 때도 있다. 대중처소에서는 말없이 보살행을 실천하는 이 같은 스님이 많다.

처음 들어 보는 낯선 소임도 있다. 마호는 대중들의 옷 손질을 도우려고 풀을 쑤는 소임이고, 요원寮元 소임은 바느질을 준비하는 일이라는 걸 처음 알았다.

명등明燈, 화대火臺는 불을 다스리는 소임이고 욕두浴頭, 수두水頭,

정통淨桶 같은 소임은 물과 관련된 일을 한다. 저마다 맡은 소임을 제 일처럼 해내기 때문에 정진하는 일에 불편한 점은 없다. 대중을 생각하면 자기 소임에 소홀할 수가 없다.

좌차는 법랍 순으로 정해진다. 초참인데도 법랍을 따지다 보니 중좌를 차지하게 되었다. 여러 철 지낸 스님들보다 윗자리에 앉게 되었으니 정말 미안한 일이다. 법랍 순으로 자리를 정하는 것보다 안거 수를 기준으로 하여 자리를 정하는 게 옳을 것 같다. 용상 대덕들이 다 모인 곳, 텅 비었던 선실엔 벌써부터 공부 열기가 대단하다.

대중에 수순하는 공부

선원은 철마다 모이는 사람들이 다르다. 그래서 한 철 살 때마다 기분도 새롭다. 서로 얼굴이 다르고 성격이 같지 않은 점이 오히려 공부에 도움이 된다.

한 철씩 함께 정진하는 스님네 모두가 스승이고 나를 깨우치는 친절한 선지식이다. 공부의 절반은 대중이 시킨다는 말이 꼭 맞다. 달라진 내 성격만 보아도 대중에 수순隨順하는 공부의 효과를 인정하지 않을 수 없다. 그동안 대중들과 지내면서 들쭉날쭉하던 내 행동이 많이 달라진 게 확실하다. 뾰족뾰족 모난 돌이 정을 맞는다는 이치를 거듭 깨닫는다. 이제는 꽤 둥글둥글해졌다. 좌충우돌 부딪치는 일이 별로 없다.

처음 대중과 함께 살기 시작할 때에는 말투와 행동이 고르지 못하다는 경책을 많이 들었다. 중노릇이 설익은 탓도 있었겠지만, 세속의 의식을 다 버리지 못한 채跡 머물 옷만 입은 내 어정쩡한 의식 구조에 대한 나무람이었을 것이다. 병졸들이 군대에서 '짬밥' 그릇 수 채우듯이 이제는 절 집안 장판 때도 웬만큼 묻었다. 그렇지만 대중처소에 나올 때마다 내 공부가 낮고 모자람을 거듭거듭 깨닫는다. 육신의 그림자보다 아집과 독선의 그림자가 내 일상의 영역을 더 많이 지배한다. 앞뒤 귀가 잘 맞는 절 담의 돌처럼 서로 방해하지 않고 조용조용 내 자리를 지키고 살기가 힘들다.

이번 안거 철에 모인 스님네는 모두 공부 잘하는 이들인 것 같다. 낯선 스님이라도 한 철만 같이 정진하고 나면 좋은 도반이 된다. 새로 사귄 도반들과의 선적여가禪寂餘暇도 좋다. 선방은 모인 스남녀에 따라서 정진 분위기가 달라진다. 큰스님 회상會上에 납자들이 구름처럼 모이는 것도 그런 까닭에서다. 잘 사는 스님 몇만 있으면 대중은 그 힘에 따라가기 마련이다. 조발심 납자는 대중 속에서 살아야 공부가 순일하다. 따라서 혼자 지내는 홀가분함을 즐길 때가 아닌 게다.

이번 안거에는 신심 있는 스님들이 한둘이 아니다. 한 철 벙어리가 되어 살겠다는 묵언패가 있고, 해제날까지 오후불식午後不食하겠다는 이들도 여럿 된다. 구참 스님들은 또 큰절 대웅전에서 드리는 백팔 참회를 하루도 빠지지 않는다. 이런 대중과 함께 있자니 말뚝 신심이라도 불쑥불쑥 일어날 분위기다.

방선放禪 때에도 지대방에서 쉬거나 잠을 자는 스님이 없다는 것이 놀랍다. 잠자기 좋아하는 나만 덜렁 누워 있는 날도 있다. 이제는 잠자는 일이 슬슬 눈치가 보인다. 이래서 대중이 무서운가 보다.

안거 날짜를 보름도 채우지 못하고 떠난 스님이 벌써 여러 명이다. 수행 일정이 힘들어서 떠나는 게 아니다. 내부에서 일어나는 갈등이 원인이다. 공부가 잘될수록 장애가 많아지는 법, 아무런 흔들림 없이 한 철 잘 지내는 일도 신심과 원력 없이는 어렵다. 떠나는 도반의 뒷모습을 보자니 어쩐지 남의 일 같지가 않다.

단옷날 소금 묻기

여름 안거가 시작되면 은근히 기다려지는 날이 있다. 바로 오월 오일 단오이다. 단옷날엔 가부좌를 풀고 어린애들처럼 설레는 마음으로 산행 길에 오른다. 이날 산중은 온통 스님네의 산행 준비로 떠들썩하다. 김밥을 싸고 먹을 것 몇 가지를 챙기는 도반들의 표정이 유난히 환하다. 초콜릿은 꼭 가지고 오르는 산행 식품. 산 중턱에 앉아서 초콜릿을 먹으면 피로가 싹 가신다. 허기질 때에는 비상식량으로도 제 몫을 톡톡히 한다.

나는 산행 가방 대신 수박 한 통을 끈으로 단단히 묶어 어깨에 멘다. 다각은 언제나 대중 시봉으로 바쁘다. 먹고 마시는 것을 준비하는 일은 모두 다각이 할 일이다. 몇 년 전까지만 해도 시간에 맞추어 차를 끓이거나 별식을 준비하느라고 눈코 뜰 새 없이 바쁜 소임이었는데 요즘은 그래도 많이 나아진 편이라는 게 구참들의 말. 그것은 우리 절 집안의 식단에도 어느새 인스턴트식품이 알게 모르게 꽤 자리를 차지하게 되었다는 얘기이리라. 사실 대중 시봉이 곧 공부라는 마음가짐이 아니면 다각 소임을 똑바로 해내기란 어렵다.

단옷날은 산중 스님들이 대부분의 시간을 산에서 보낸다. 가는 곳은 해인사 앞산인 매화산. 스님들 사이에서는 남산으로 통한다. 산을 타는 기분은 가야산보다 남산이 제격이다. 남산 상봉에서 기암 괴석 사이로 청량사까지 빠져나가는 산행 길의 재미는 어느 산에도 뒤지지 않는다.

해인사는 해마다 단옷날이면 소금 묻는 행사를 해 오고 있다.

남산 상봉에 소금 묻는 일은 선방 스님들의 몫. 그래서 이날 남산 상봉에는 여기저기 스님들밖에 보이지 않는다. 암자에서 정진하는 비구니 스님들도 좌선하던 다리를 풀 겸 하여 먼 길을 마다하지 않는다. 그래서 산중 식구들이 상봉에 가득하다.

상봉에 오르면 먼저 다섯 군데에서 구덩이를 파는 일부터 한다. 소금 묻는 곳은 언제나 같은 자리이다. 그런 뒤 한 주먹씩 소금을 나누어 묻는 일이 끝나면 비로소 한숨을 돌릴 수 있다. 비구니 스님들이 준비해 온 김밥이 여느 때보다 더 맛있다.

매화산은 화산 형국. 다시 말해 처마 끝에 주렁주렁 달린 고드름을 거꾸로 세워 놓은 모양이라는 뜻인데, 봉우리가 쭈빗쭈빗하여 남성다운 힘이 있는 산세를 말한다. 산세가 그런 탓에 불기운이 너무 강하여 그 열이 해인사까지 뻗친다고 한다. 그 기운을 눌러 주는 처방이 곧 소금을 묻는 일이다. 소금을 묻지 않으면 그해에 화재도 많거니와 물난리까지 겪는다고 한다. 소금은 바닷물을 상징하는 것이니, 바닷물로서 산세의 불기운을 다스린다는 이치이다. 한마디로 산의 기운을 적절히 조절하여 우순풍조雨順風調를 기원하는 것이다.

세속에서는 단오 풍속이 세월의 변화에 따라 사라져 가고 있지만 절 집안에서만큼은 단오는 아직까지 큰 명절이다. 그러고 보면 '우리 것'을 지키고 계승하는 일은 거의 스님네가 도맡다시피 하는 것 같다. 해인사 남산에 소금을 묻는 일이 꼭 과학적인 근거에 따른 것은 아닐지라도 그런 풍속이 없어지지 않고 지켜지는 것이 참 좋다. 사부 대중이 한자리에 모여 같은 일에 몰입할 수 있는 이런 날이 좀 더 많았으면 싶다.

노래 잘하는 김 처사

"노래 한 곡 어때요?"

남이 들으면 노래방에 가자는 말인 줄 알겠지만 사실은 그게 아니다. 스님네끼리 포행布行을 나설 때, 김 처사를 만나고 싶으면 버릇처럼 하는 말이다. 김 처사는 아랫절 삼선암에서 부목負木 일을 하는 처사다.

김 처사는 노래를 썩 잘한다. 노래가 듣고 싶으면 김 처사를 찾는 게 이제 일이 되었다. 그의 노랫소리는 마치 신들린 듯하여 우리 혼을 뺏는 어떤 마력이 있다. 반주가 없어서 한결 좋은 그의 노래. 물소리를 배경음으로 하여 뽑는 그의 노랫가락은 더러 한이 섞이기도 하지만 힘이 있다. 그래서 김 처사의 노래를 듣고 나면 답답하던 속이 탁 트이는 기분이다.

산중에 그의 노래 실력을 모르는 스님은 거의 없다. 한 철만 살아도 그의 소리를 들어 볼 기회가 종종 있다. 삼선암 뒤 솔숲에서 저녁노을을 배경 삼아 가다듬는 그의 목소리는 아주 무게가 있다. 어찌 보면 그에게는 노래가 염불일는지도 모르겠다. 스님들이 날마다 예불을 드리듯 그는 즐겨 노래를 하는 것이다.

그의 노래를 말리거나 나무라는 스님은 없다. 구수하게 잘하는 덕분이다. 삼선암에서 정진하는 비구니 스님들 공부만 방해하지 않으면 뒷말은 없다.

언젠가 밭일을 하고 있는 김 처사에게 노래 한 곡을 부탁한 적이 있었다. 그때 아무 망설임 없이 밭고랑을 돌며 열창하던 그 모습은 오래도록 내 기억에서 지워지지 않을 것 같다. 그는 노래에 빠진 사람 같다. 가끔 장난 삼아 노래를 청했다가도, 노래에 완전히 빠져들어 부르는 그의 태도에 장난기는 금세 사라지고 숙연한 마음으로 그의 노래에 동화되고 만다.

고음 처리가 빼어난 김 처사의 애창곡은 '칠갑산'이다. 이 노래는 아마도 묻어 버린 자신의 과거를 회상하는 노래이지 싶다. 촉촉해지는 그의 눈을 보면 어쩐지 그런 느낌이 든다.

그에 대해서는 아는 게 별로 없다. 여러 가지 소문이 있지만 그것도 지나는 말에 불과하다. 산에 사는 사람들은 머리 깎은 스님네나 머리 기른 이들이나 서로의 과거에는 무관심한 편이다. 그냥 가끔 노래를 위로 삼아 사는, 사연 있는 사람이리라는 짐작뿐이다. 학인 시절에 그를 처음 알았는데, 해인사를 떠나 다른 곳에서 몇 철을 지내고 온 지금도 그의 목소리는 여전하다.

해인사에는 내 기억에 닿는 처사가 김 처사 말고도 둘이 더 있다. 한 사람은 큰절의 자연보호 처사이다. 도량 구석구석을 청소하는 그 또한 해인사를 자기 집처럼 아끼는 사람이다. 그리고 또 한 사람은 홍제암 안내 처사다. 스님들은 그를 '빗자루 처사'라고 부른다. 한 손에 늘 몽당 비를 들고 다니며 신명나게 안내를 하기 때문이다. 말하자면 그에게는 빗자루가 안내봉인 셈이다. 손때가 묻어 반질반질 윤이 나던 빗자루가 인상적이었는데, 이번 철에는 그가 보이지 않아 여간 섭섭하지 않다. 나이가 많아 병환으로 누웠다는 소식이다. 이들 세 사람은 사부 대중과 함께 이 산중을 지키는 머리 긴 주인들이다.

삭발 목욕일. 욕두 소임을 맡은 스님은 바쁘다. 새벽부터 대중들 목욕물을 준비하느라 땀을 흘린다. 모두 머리를 깨끗이 밀고 목욕하는 이날은 우리가 사는 큰방까지 다 훤해 보일 정도다. 시쳇말로 '때 빼고 광 내는 날'.

보름 동안 머리카락이 꽤 자랐는데, 털보 스님들은 수염을 깎지 않아 흡사 산적 형상이다. 훤칠해야 할 수행자의 용모가 말이 아니다. 아침 공양을 끝내고 차를 나누는 자리에서 소임자 스님이 "보름 동안 기른 무명초를 자르고 아울러 번뇌 망상까지 보검으로 싹둑 잘라 냅시다. 그리고 새롭게 정진합시다" 하면 욕실 문이 열리는 시간이다.

목욕날은 다들 바쁘다. 그래서 이른 아침부터 시골 장터처럼 와자지껄하니 시끄럽다. 삭발 순서는 한주 스님과 상판 스님들이 먼저다. 하판 쪽 스님들이 손수 물을 떠다 윗스님들 삭발을 돕는 모습이 좋다. 이날은 옷도 새로 갈아입는다. 그러다 보니 빨랫줄이 모자랄 지경이다. 풀을 쑤는 마호 스님도 덩달아 바쁜 날. 아무튼 서걱서걱 소리가 날 정도로 무명옷에 풀을 먹여 입는 스님들의 부지런함은 알아주어야 한다.

여름은 괜찮은 편이다. 겨울철에 물을 데우는 소임은 보통 일이 아니다. 지금은 편리한 시설 덕분에 절 집안 목욕 환경도 예전과 달리 많이 나아지긴 했지만.

욕실에서는 지켜야 할 사항이 몇 가지 있다. 목욕할 때는 먼저 더운 물로 얼굴을 씻고 위에서부터 아래로 천천히 씻어 내려가야 하며, 조급하게 덤벼 물을 옆 사람에게 튀게 해서는 안 된다. 물론 욕실에서 오줌을 누어서도 안 되며, 남과 이야기하거나 웃어서도 못 쓴다. 마음껏 오래 씻느라고 뒷사람을 기다리게 해서도 안 된다. 사미율의에 있는 말이다.

꼭 어린애에게 타이르듯 일러 주는 말이 우습기도 하지만 씻는 일도 엄격한 수행의 한 부분임을 가르치는 내용이다. 그렇긴 하지만 목욕탕에서 알몸이 되면 장난기가 이는 것은 승과 속이 다르지 않은 것 같다.

삭발 목욕날은 또 산행을 좋아하는 스님들에게는 신나는 날이기도 하다. 산에 오르는 것이 허용되기 때문이다. 산에 함께 오를 패를 모집하는 고함 소리가 사람 사는 기분을 느끼게 한다. 이슬도 마르기 전에 먹을 것을 챙겨 대중의 절반쯤이 산행을 하려고 빠져나간다.

차담 준비로 다각실도 바쁘다. 이날은 과일 상이 다른 날보다 더 푸짐하게 놓이기 때문이다. 해인사는 범벅떡이 유명하다. 졸깃졸깃한 떡을 김으로 싸서 꿀에 찍어 먹는 맛은 확실히 별미다. 요즘 다각실에서 인기 있는 식품은 시원한 수박과 떠먹는 요구르트이다. 아이들처럼 요구르트를 조금씩 떠먹는 스님네 모습이 낯설기도 하고 좀 우스꽝스럽기도 하다.

큰절 공양간도 분주하기는 마찬가지. 찰밥과 미역국을 먹는 날이어서 그렇다. 노스님들이 한창 공부하던 시절에는 찰밥과 두부가 아주 특별한 대중 공양이었단다. 지금도 허리띠를 풀어 놓고 먹을 만큼 좋아하는 음식이다.

    오랜만에 선실이 텅 비었다. 그렇지만 목욕하는 날은 죽비를 놓고 쉬는 날이 아니라 공부를 점검하는 날이라는 표현이 마땅할 것 같다. 목욕하고 새 옷을 입으니 날아갈 것 같은 기분이다.

꿩 수좌

가끔 숲에서 뻐꾸기가 운다. 선실에 앉아서 듣는 새 소리는 정겹다. 아침 햇살이 선창(禪窓)에 내릴 때 지저귀는 소리는 맑고 깨끗하다. 또 해 질 녘 먼 숲에서 들려오는 산비둘기 소리는 어쩐지 애닯다.

한번씩 산꿩이 푸드덕 날갯짓을 하며 상수리 숲을 차고 오른다. 이놈은 몸체도 아주 크다. 그 소리가 얼마나 힘찬지 온 숲을 찌렁찌렁 울리고도 남는다. 화두가 성성할 때는 이놈의 소리에 깜빡깜빡 화두를 놓친다. 간간이 졸음이라도 쏟아질라 치면 "꿩꿩" 하는 소리에 화들짝 잠에서 깨어난다.

스님들은 이 산꿩을 같은 대중으로 생각한다. 아침 입선을 시작하면 어김없이 뒷숲에 나타난다. 그리고는 힘차게 소리를 낸다. 그러면 스님들은 "또 꿩 수좌가 왔군" 한다. 처음에는 정진에 방해가 되니 어디론가 쫓아 버리자는 의견도 있었지만 몇 분 스님이 "전생에 머리 깎고 공부하던 수좌의 후신인가 봐요. 한 철 정진하러 온 모양입니다" 하여 꿩 수좌가 되었다.

꿩 수좌는 스님들을 경책하는 데는 일등이다. 나른한 오후에 스님들이 졸고 있으면 선실 앞까지 내려와서 소리를 낸다. 이 꿩 소리 때문에 잠에서 깨어난 적이 한두 번이 아니다. 한 스님이 잠을 방해한다며 돌팔매질을 여러 번 해도 떠나지 않고 그 자리를 계속 지킨다. 이상하게도 방선 시간에는 조용하다. 그러다가 꼭 좌복에 앉는 시간이면 기다렸다는 듯이 날갯짓을 한다.

다각 스님이 율무를 끓이고 남은 찌꺼기를 아침마다 꿩 수좌가 사는 숲에 뿌려 준다. 그러면 남기지 않고 깨끗이 공양한다. 공부를 게을리하던 어떤 비구의 후신이라는 말이 쏙 사실 같다. 그래서 꿩 수좌의 울음소리는 날마다 장군죽비 경책보다 더 따끔하게 다가온다.

목탁새도 그렇다. 나무를 따르르 쪼아 대는 소리가 울력 목탁을 치는 소리와 사뭇 비슷하다. 입선을 알리는 목탁 소리까지 흉내 낸다. 청명한 날은 따르륵 하는 소리가 진짜 목탁처럼 여운을 남기면서 숲을 빠져나간다. 딱따구리라고 불리는 이놈은 얼마나 부리가 견고한지 순식간에 나무를 뚫어 구멍을 내는 기술을 갖고 있다. 주로 목질이 약한 오동나무 숲에서 산다.

홀딱벗고새는 또 소리가 우습다. 정확한 이름은 알 길이 없으나 스님들 사이에서는 '홀딱벗고새'로 통한다. 가만히 귀 기울이고 있으면 "홀-딱-벗-고", 이렇게 말하는 것처럼 들리기 때문이다. 참 재미있는 새소리다.

이 새소리에 다른 말을 대입시키면 또 그럴듯하게 들린다. 우리는 업습業習으로 생각하고 듣는 것 같다. 똑같은 새소리를 두고 어떤 이는 '운다'고 말하고 어떤 이는 '노래한다'고 표현하는 것은 모두 전생에 익힌 습관 탓이다. 그러고 보면 업식業識의 잣대가 우리 사고의 기준인 것이다. 그것은 같은 물을 소가 마시면 우유가 되고 뱀이 마시면 독이 되는 것과 같다. 알고 보면 빈말도 함부로 할 게 아니다. 업이 그쪽으로 형성되기 때문이다.

산까치 소리가 들리는 날은 괜히 들뜬 마음으로 하루를 보낸다. 반갑게 찾아올 도반도 없는데 말이다. 사람만큼이나 이름 모를 새들도 많다. 방함록에 오르지는 않았어도 모두가 내 도반들이다.

방함록 보기

여름 안거가 반쯤 지날 무렵이면 방함록 보는 재미에 시간 가는 줄 모른다. 지대방에서 책을 펴 놓고 머리를 맞댄 채로 보노라면 수군수군 말이 나오기 시작한다. 그러다가 왁자지껄 손뼉을 치며 웃을 때도 있다. 어떤 이들은 한 장 한 장 넘기면서 꽤 꼼꼼하게 읽기도 한다.

방함록은 철마다 발행되는 선방의 안거집이다. 이 책에는 각 선원의 조실 스님이 하신 결제 법어가 실려 있고 전국 모든 선원의 현황이 한눈에 알아볼 수 있게 정리되어 있다. 쉽게 말해 각 선방의 대중 명단인 셈인데, 여기에는 선객들의 법명, 법랍, 본사, 나이, 소임 따위가 상세하게 기록된다. 그러니까 선방에 방부를 한 스님이면 방함록에 이름이 다 오른다. 내용을 보면 선원별로 대중의 공부를 돕는 종무 소임자 수가 따로 표시되어 있고 비구와 비구니 선방이 일목요연하게 분류되어 있다.

이번 계유년 여름 안거에는 나라 안 쉰여덟 곳의 선방에서 천오백삼십아홉 명의 납자들이 선림을 이루고 정진한다는 집계이다. 각처에서 한 철씩만 살아도 십 년은 더 걸릴 터이다. 그러므로 각 선원에서 십 년 이상 장판 때가 묻어야 수선 납자라는 이름이 부끄럽지 않을 것이다.

방함록을 넘기던 대중 스님들은 이따금 "아무개 스님이 이번 철에는 지리산에서 안거를 지내는군!" 하면서 반가워한다. 이처럼 수좌들의 이동 상황을 환히 알 수 있고, 소식을 몰라 궁금해하던 도반의 근황도 함께 알 수 있다. 아는 스님 이름이 빠져 있으면 "이

번 철에는 대중에 살지 않고 따로 정진하는 모양이네" 하며 어디 사는지 궁금해한다. 소식지 역할을 하는 방함록은 이래서 철마다 기다려진다.

방함록을 집어들면 버릇처럼 자기가 사는 선방의 대중 명단부터 먼저 보게 된다. 마치 출석부를 확인하는 듯한 기분이다. 모르고 지내던 스님들의 이름까지 빼놓지 않고 외울 수 있는 것도 다 방함록 덕분이다.

중노릇한 햇수나 세속 나이를 확인하고는 "아무개 스님은 어린 줄 알았는데 의외로 나이가 많네요. 말을 조심해서 해야겠어요" 하고 놀라는 경우도 더러 있다. 사실 머리 깎은 스님네 나이는 우리도 짐작하기 어렵다. 총림의 선원은 비구계를 받은 이들에게만 방부를 허락하기 때문에 법랍이 적어도 오 년은 넘는다. 그래서 거의 모두가 세속 나이 서른을 넘긴 스님들이다. 지난 철까지만 해도 구암 노스님이 최고령자의 자리를 지켰는데 이번에는 예순을 넘긴 노덕 스님이 없어 아쉽다.

선방에 구참들이 적어지고 노스님들도 점점 자리를 떠나고 있다. 그래서 뒷방 노스님의 기침 소리만으로도 위계 질서가 바로잡히던 옛 시절을 곧잘 얘기하지만, 아직은 우리 초참들을 신심 나게 하는 선배 스님들이 더 많다.

몇 년 사이에 새로 문을 연 선원이 여러 곳이다. 공부하려는 이들에게는 좋은 소식이다. 요즘 큰절에서 귀찮다는 이유로 대중을 수용하지 않는 일은 고쳐야 한다.

참되이 공부하는 이는 없고 자리만 지키는 직업 수좌만 있다고 힐난하는 이들도 더러 있다. 그러나 자리 지키는 수좌 노릇도 보통 근기로는 힘든 일이니, 반드시 그렇게만 단정 지을 일은 아니다. 몇몇이 모여 알차게 공부하는 선방은 결제철만 되면 스님들이 크게 몰린다. 수용 시설이 넉넉하다고 해서 많이 모이는 건 아니다. 공부 분위기가 좋아야 눈 푸른 납자들이 구름처럼 모인다는 얘기다.

참되게 공부하려는 이들이 산중에는 아직도 많다. 산중에 살면서 몸으로 직접 느끼는 사실이다.

뒤쪽을 살피시오

대중 울력이 있다. 울력하는 날만 되면 뒷방 스님들은 칭찬을 아끼지 않는다. 복 짓는 스님들만 모였다는 말도 사실이다. 몇 해씩 묵은 구석구석의 먼지를 털어 내는 일도 그렇고, 또 오늘처럼 새로 정비하고 깨끗이 청소하는 일도 큰일로 친다.

창틀의 먼지를 물로 씻어 내는 일만 해도 손질이 많은 작업이다. 누가 시켜서 하는 일도 아니다. 울력이 있는 날, 이러이러한 일을 합시다! 하고 대중 합의가 이루어지면 이러쿵저러쿵 군말이 없다. 남의 일처럼 하면 일도 더디고 짜증만 난다는 사실을 경험으로 알기 때문이다.

울력을 해 보면, 몸을 아끼지 않고 열심히 땀 흘리는 스님들이 꼭 있다. 냄새나는 일이나 옷을 적시는 일을 가리지 않고 앞장서는 스님들이다. 결국 그 몇몇 스님들이 일을 다 하는 셈이다. 일하는 성격도 가지가지다. 아무래도 덩치 큰 스님들이 힘쓰는 일에서는 혼자서 몇 사람의 몫을 해낸다. 세심한 일은 몸집이 작은 스님들의 차지다. 말 많은 스님들이 일에는 조금 뒤지는 편이고, 일하는 요령은 초참보다는 구참 납자들이 한 수 위다.

느긋하지 못하고 후딱 해치우는 쪽은 운동을 좋아하는 이들이다. 한번 마음을 내면 한나절은 걸릴 작업을 몇 시간 만에 후딱 해치우는 게 수좌들의 성미이다. 거꾸로 한번씩 고집을 부리면 옆에서 구들장을 파헤치는 일이 벌어져도 꼼짝하지 않는다.

수좌가 이런 강한 고집과 뚝심이 없으면 이빨 빠진

호랑이와 같다. 고집은 수행자의 근성이다. 아집과는 성질이 다르다. 끊임없이 일어나는 내면의 갈등이며 문제와 쉽게 타협하지 않는 자세를 말한다. 자신과의 타협은 곧 수행 질서를 무너뜨리기 때문이다.

많은 스님들이 모여 사는 대중살이는 어느 한 가지만 보고 그 살림살이를, 다시 말해 공부를 평가할 수 없다. 좌복 위에서 자리를 오래 지킨다고 해서 일등 수좌라고 볼 수 없고, 졸기만 한다고 해서 하등 수좌라고 속단할 수도 없다. 나름대로 제 몫을 충실히 수행하고 있기 때문이다. 정진 잘하는 이, 운동 잘하는 이, 일 잘하는 이, 재주 좋은 이들이 저마다 다른 성격으로 살지만 원융무애하다는 뜻이다.

선원의 생리는 다른 집단과는 좀 다르다. 공부를 하려고 모였기 때문에 작은 시비에는 눈과 귀를 절제한다. 남의 잘잘못을 가리는 일에 습관을 들이면 자기 공부는 뒷전이 되는 까닭이다. 그래서 자율적인 통제가 가능하다. 큰일은 대중 공사에서 옳고 그름을 따지면 별 문제가 없다.

자유롭게 사는 것도 허락된다. 그러나 대중에게 피해를 주거나 공부 분위기를 해치면 곤란하다. 대중의 눈에 거슬리는 행동이 곧 괴각질이다. 괴각은 대중에게 아무런 도움이 되지 않으며 결국 자신까지 망가뜨리고 만다.

평생 괴각질만 하다가 추한 모습으로 입적하는 노스님들을 보며 거듭거듭 내 언행을 살핀다. 대충 눈치를 보아서 처신할 일이다. 신심과 원력으로 사는 게 첫째이고, 그 다음이 대중에 수순하면서 사는 일이다. 그리고 우리처럼 하열下列한 이들은 눈치껏 사는 게 탈 없이 잘 사는 방법이다.

뒤뜰을 깨끗이 치운 스님이 울력을 끝내면서 말한다.
"뒤쪽을 잘 살피시오."
자신의 뒤쪽, 내 허물부터 먼저 살피고 고쳐 나가는 것이 대중살이에서 잘 사는 길이다.

벽안의 도반

자혜 스님은 미국 국적을 가진 벽안의 수행자이다. 키가 훤칠하고 생김새가 달라 대중 속에서도 금세 눈에 띄곤 한다. 그러나 그의 수행 일상은 우리와 다르지 않다. 한 줄로 안행雁行을 할 때에나 포행을 할 때에도 그의 걸음걸이는 언제나 조심스럽기 그지없는 우행牛行이다.

가끔 할 말이 있으면 "스님" 하고 나를 부르는 소리가 무척 친근감 있게 들린다. 언젠가 법당에서 과일을 들고 계단을 내려오다 몇 개를 떨어뜨렸는데, 가까이에 있던 자혜 스님이 "어머나" 하면서 달려와 주워 준 적이 있다. 또 한번은 공양간으로 가는 나를 보고 "잠깐만, 스님!" 하고 부르고는 내 장삼 자락에 붙어 있던 벌레를 떼어 주는 스님에게서 정을 왈칵 느낀 적도 있다. 그러기 전까지는 외국 스님이라는 사실 때문에 도반이지만 쉽게 동질감이 느껴지지 않았다.

우리말을 썩 잘하지는 않지만 간단한 말은 그럭저럭 하는 편이다. 한 달쯤 우리말 공부를 하다 이런 생각을 피력했단다.

"수행자가 깨달음을 얻으려고 그 주변 학문에 시간을 많이 뺏기는 것 같아요. 그래서 저는 한국어를 공부하던 시간에 대신 좌선을 하려고 합니다. 말을 배우는 일이 꼭 깨달음과 통하진 않으니까요."

그래서 지금은 어학 공부를 그만두고 자신의 문제에 좀 더 진지하게 접근하려는 노력을 하고 있다. 그런 자혜 스님을 보자니 내가 쓸데없이 많은 말을 지껄이며 살고 있다는 생각이 든다.

우리가 대화를 통해 서로의 뜻을 주고받는 사이에 어쩌면 자혜 스님은 자기 내면의 모음母音을 듣고 있는지도 모르겠다. 답답한 것은 언어 그 자체인 것이지 수행의 문제는 아닌 까닭이다. 시비 분별하는 알음알이는 때로는 번민과 갈등의 그림자를 동반하기 쉽다. 자혜 스님은 오히려 말을 하지 않음으로써 널따란 자신만의 공간을 확보하고 사는지도 모른다. 자혜 스님을 보면 수행은 배우는 것이 아니라 몸으로 익히면서 내 것으로 만드는 공부임이 분명하다.

발우 공양도 곧잘 한다. 어른 스님들 찬상 시봉도 돕고 퇴수물을 내가기도 한다. 숭늉 들여오는 죽비 소리를 잘못 듣고 찬상 물리러 일어났다가 무안한 얼굴로 서 있던 실수를 하고 난 뒤로는, 죽비 신호도 잘 구별한다. 울력에도 빠지는 법이 없다. 특히 방장 스님 계시는 삼일암 뜨락을 비질하는 일을 날마다 해 오고 있다. 환하게 핀 목련 그늘에서 뜰을 쓰는 그가 무척 진지해 보인다. 예불 땐 큰 소리로 염불하는 소리가 법당 밖까지 들린다. 천수경과 반야심경은 막 들어온 행자보다 나을 만큼 또렷하다.

낯선 곳에서 구도의 한생각으로 정진하고 있는 그를 위해 우리가 할 수 있는 일은 친절한 말 한마디나 일상의 도움보다는 치열하게 살아가는 수행자의 모습을 보여주는 일이 아닐까 싶다.

용맹정진 1

용맹정진을 하루 앞둔 스님들의 눈빛이 마치 전장에 나가는 무사 같다. 창칼로 싸우는 것만이 전쟁이 아니다. 끊임없이 일어나는 번뇌와 망상 덩어리, 그리고 졸음과의 싸움도 하루에 몇 번씩 일어나는 전쟁이다. 또 무참하게 패배할 용맹정진. 규칙을 어기지 말라는 조실 스님의 말씀이 있었다.

송장이 되어 나갈 각오로 공부할 것.

아파도 큰방을 떠나지 못함.

작은 시비 분별은 접어 두고 오로지 화두에만 매진할 것.

그리고 죽비 경책에 대해서도 주의를 주신다.

죽비를 쓰는 일은, 달리는 말에 채찍을 가하는 것과 같다. 그래서 잘 쓰면 공부 분위기를 살리지만 그렇지 못하면 서로 때리고 맞는 싸움장이 되기 일쑤다. 죽비 다루는 요령을 하루 전부터 익히는 것도 그러한 죽비 경책의 부작용을 없애기 위해서이다. 둔탁한 소리가 나면 아프기만 하고 시원하지가 않다.

"잠을 깨우고 공부를 돕는 게 죽비 경책의 목적이다. 그래서 감정을 넣어 죽비를 쓰면 시비가 일어난다. 자비로운 마음으로 경책을 하여야 할 것이다. 너무 심하게 졸면 어깨를 주물러 주어라. 그리고 앉은 이들은 죽비를 잘 다루는 구참(久參)들의 경책을 자원해서 받으라. 아픈 어깨도 풀리고 괴로운 마음도 시원해질 것이다."

기다란 장군죽비를 쓰는 이의 자세는 이와 같아야 한다.

간혹 잠이 쏟아져 뒷방에 잠깐 누웠다가 그만 깊은 잠에 빠지는 바람에 입선을 알리는 죽비 소리를 듣지 못하는 수가 있다. 그러면 인례 스님이 찾는다고 진땀을 빼는 일이 허다하다. 며칠이고 잠자는 시간이 없다 보니 한번 잠이 쏟아지면 앞뒤를 가리지 못한다. 겨울에는 눈 속에서도 잘도 잔다. 어디든 장소를 가리지 않는다. 화장실에서 꾸벅꾸벅 조는 스님도 있다. 용맹정진을 해 보면 잠에는 장사가 따로 없다는 말이 정말 실감난다.

"용맹정진하는 장소가 되어야 하는 게야. 뒷방에서 자는 스님네들 깨우러 다니는 일이 있어서는 안 돼요."

조실 스님이 마지막으로 당부하신 말이다. 이제 일주일은 대중의 잠을 깨우는 죽비 소리가 밤낮없이 이어질 것이다.

정진 시간이 정해졌다. 꼬박 일주일이다.

음력 7월 1일

03:00 예불 및 입선

05:30 행선行禪

06:00 아침 공양

07:00 좌선

10:30 행선

11:00 점심 공양

12:00 좌선

17:00 행선

18:00 약석藥石

19:00 예불 및 좌선

23:30 죽 공양

24:00 좌선

음력 7월 8일

03:00 예불 및 방선

  학인 시절 몇 번 참석한 경험이 있긴 하지만 매번 긴장되고 걱정되는 것은 마찬가지다. 분심을 크게 일으켜 이번이 아니면 공부를 마칠 기회가 없다는 각오로도 힘들 터인데, 그보다는 그저 일주일이라는 시간이 아득하기만 한 신심 없는 초참일 뿐이다. 이번에도 또 정진 잘하는 구참 스님들의 덕을 보아야 할 게다.
  고행 없는 정진은 쓸데없는 희론에 불과하다. 업장은 피나는 수행만이 녹일 수 있다. 교과서 없는 공부가 곧 마음 공부, 지해知解 아닌 지혜智慧를 밝히는 일이다. 일주일이 지난 뒤 도반들의 눈빛이 얼마나 달라져 있을지 궁금하다.

용맹정진 2

첫날

딱딱딱, 첫 입선을 알리는 죽비 소리가 간담을 서늘하게 한다. 타성일편打成一片이라고, 죽비는 두 쪽이 맞아야 소리가 제대로 난다. 출가 사문의 공부 또한 이와 같다. 하나는 선지식의 깨우침이요, 또 하나는 자신이다. 마치 병아리가 알을 깨고 나올 때 그러하듯이. 이것을 줄탁啐啄이라고 한다. 스승이 밖에서 쪼아 주고, 또 자신의 공부가 무르익어 안에서도 쪼아야 한순간 깨달음의 소식이 온다.

큰방에 대중들이 꽉 차니 용맹심이 불쑥 일어난다. 앞줄에 앉은 학인 스님들의 긴장된 자세나 진지한 표정이 안일한 내 마음을 일깨운다. 학인 스님 앞에서 심하게 졸지 않아야 한다는 초참의 자존심이 앞선다. 무거운 정적이 깔린다. 아직까지 심하게 졸거나 고통을 호소하는 스님이 없다는 뜻이다. 눈을 비비고 자세를 고쳐 앉는다. 잠이 올수록 '이 뭣고' 화두를 의심한다. 깜빡 잠이 들었나 보다. 인례引禮 스님이 살짝 깨우고 지나간다.

점심 공양을 끝내고는 여섯 시간짜리다. 저녁때까지 꼼짝하지 않는다. 다리를 한 번도 바꾸지 않고 정진했더니 좀 후들거리는 기분이다. 육체 조복을 제대로 받으려면 아직 몇 철을 더 지내야 하리라. 혼침昏沈과 도거掉擧가 계속해서 일어난다. 아침인지 오후인지 분간이 안 될 때도 있다. 하루도 지나지 않았는데 벌써부터 시계를 보는 버릇이 생긴다. 그러나 지루하게는 느껴지지 않는다.

저녁 정진 시간, 두어 시간은 자세 하나 흐트러뜨리지 않고 화두를 잡아 간다. 허리를 꼿꼿하게 세운다. 밤 10시를 넘긴다. 다리를 바꾸어서 가부좌를 튼다. 한번 자세를 고치기 시작하면 습관이 된다. 다리에 쥐가 날 때도 있다. 참는다. 참다가 졸기도 하고, 졸다가 습관적으로 '이 뭣고'를 한다. 여기저기에서 죽비 소리가 들리기 시작한다. 인례 스님이 내 앞에 서서 어깨를 친다. 상체를 약간 숙이고 죽비 경책을 받는다. 따다딱!

죽 공양.

자정에는 죽을 먹는다. 밤일 하는 인부들이 밤참을 먹는 것 같다. 맛있게 한 그릇을 비운다. 좌복에 다시 앉을 때까지 자투리 시간이 조금 남는다. 이때 지대방에 누우면 곧바로 깊은 잠에 떨어진다. 새벽바람이 서늘하다. 공부에 힘을 얻으려고 먹은 음식이 오히려 해가 되었다. 자꾸 졸린다. 정신을 못 차리겠다. 조는 스님들이 자꾸 늘어난다. 인례 스님의 죽비가 잠을 깨우느라 더 바빠진다. 비몽사몽에 빠지기를 여러 번, 새벽 예불 시간이 되었다. 몇 시간이 나도 모르게 지나가 버린 게다. 새벽녘의 졸음은 당해 내기 어렵다. 죽비 소리에 놀라 깨어나면 화두를 들다가도 어느새 또 몸이 흔들거린다. 아침 공양 전에 반 시간이 남는다. 공양 하러 가는 길에 도반이 성급하게 우스갯소리를 한다.

"이제 엿새 남았다."

이튿날

첫날 많이 졸았기 때문인가, 졸음이 덜하다. 내 자리에 앉으면 딴 생각은 없다. 편안하다. 무기정無記定에 빠지는 것은 아닐까. 화두 없이 조용함에 빠지는 것도 조심해야 할 단견이다. 또 화두를 들어도 간절한 의심이 없다면 흉내만 내는 원숭이와 같다. 그러나 원숭이가 되기도 어렵다. 자세가 흐트러지면 경책을 받고, 더러 짜증이 날 때도 있다. 하루 열두 시간 정진하던 일상이 스물네 시간 정진으로 바뀌고 보니 여간 힘들지 않다. 학인 스님들은 어깨와 허리에 약품을 붙인 모양이다. 지날 때마다 '파스' 냄새가 난다.

학인이나 수좌나 졸리는 것은 똑같다. 오히려 학인 스님들은 이 중의 고통을 겪는다. 첫째가 육체의 조복이요, 둘째가 잠을 이기는 일이다. 몇 철 지낸 수좌들은 어깨가 아프거나 다리가 저린 일은 별로 없다. 그러니까 잠을 잘 자는 이들은 수좌들이다. 꾸벅꾸벅 몸을 좌우 앞뒤로 흔들면서 졸거나 잠깐씩 휘청하는 이들은 잠을 이겨 내려고 애쓰는 스님들이고, 머리를 푹 숙이고 있는 이들은 아예 잠든 스님들이다. 대개 두 가지 양상이다. 용맹정진파와 용맹잠진파.

혜암 부방장 스님은, "몇 년 전까지만 해도 내가 경책을 쓰면 조는 이들이 아무도 없었어요. 그때만 해도 내가 힘이 있어서 인정사정없이 어깨를 내리치니 나의 경책이 무서워 아무도 잠잘 생각을 못했어요. 지금은 나이가 들어, 젊었을 때 고행을 한 게 잘못되었는지 영 힘을 쓰지 못하겠어. 오늘은 죽비 경책이 아닌 특별 경책을 한 가지 할 셈이오. 늙으면 공부하고 싶어도 못 해. 젊었을 때 공부를 마친다는 생각으로 밀어붙여야 해요" 하시며 공부 방법을 몇 가지 일러 주신다. 무서운 인생 경책이다. 한 시간 동안 조는 스님이 없다.

자꾸 졸린다. 성철 스님의 십 년 장좌불와長坐不臥에 견주면 아무것도 아니다. 모창으로 찌르면서 공부했다는 동산 스님도 계시지 않은가. 그러나 이것은 생각으로만 그칠 뿐 잠을 쫓지는 못한다. 숨을 들이마시는 일을 중단해 본다. 금방 가슴이 답답해 온다. 눈알이 튀어나올 만큼 숨을 멈추었다가 "푸욱" 하고 한꺼번에 내쉬면 잠이 달아난다.

"눈꺼풀이 무겁게 느껴지면, 곧바로 정신을 차려 화두를 한번 소리 내어 보라. 그래도 졸음이 물러가지 않으면 일어서서 몇 십 걸음을 걸어 보라." 조는 스님을 위해 내린 몽산 스님의 법어다.

남자는 술자리를 같이해 봐야 성격을 알 수 있듯 수좌는 한 철 함께 앉아 보아야 근기를 안다. 평소와는 달리 좌복에서 형편없이 조는 스님이 있다. 기력이 달려 조는 스님을 보면 안타깝다. 수마 참괴睡魔慙愧, 잠자기를 부끄러워하라.

간절한 의심 없이 습관적으로 화두를 든다. 주력呪力하는 것과 다를 게 없다. 새벽잠은 아무도 당해 내지 못한다. 인례 스님의 죽비 경책도 역부족이다. 눈뜬 스님보다 조는 스님이 더 많으면 일일이 다 깨울 수도 없다. 아예 졸겠다고 나서는 스님에게는 경책할 마음이 생기지 않는다. 어쨌거나 경책 당하는 스님이 매번 당하기 마련이다.

내 앞에 죽비가 놓였다. 내가 경책할 차례다. 장군죽비를 어깨에 메고 좌중을 돈다. 다들 열심이다. 경책할 게 없다. 삼십 분이 지났다. 눈을 감는 스님이 생긴다. 어깨가 괴로운 학인 스님이 경책을 자원한다. 합장을 하면 경책을 해 달라는 신호다.

탁탁탁.

죽비 소리가 선실을 울린다. 큰 소리로 죽비를 맞는 이는 아프지 않다. 한 사람을 경책함으로써 여러 사람을 경책하는 효과를 주는 셈이다.

한 시간이 가까워 온다. 여기저기서 흔들거리는 스님이 많아졌다. 죽비로 어깨를 건드려 깨운다. 화들짝 놀라 깨어나는 스님이 있는가 하면, 아예 모르겠다는 식으로 머리를 숙이고 꼼짝하지 않는 스님도 더러 있다.

심하게 경책을 못하겠다. 마음이 독해야 잘하지 싶다. 마음 약한 건 수행자에게는 아무 도움이 안 된다. 제대로 경책 한번 못하고 한 시간을 끝낸다.

경책 잘 쓰는 스님은, "그건 잘못된 생각입니다. 수마에 빠져 괴로워하고 있는 도반들을 구한다는 자세로 경책을 해야 옳은 것입니다. 그래야 상판, 하판을 가리지 않고 급한 환자 구하듯이 바쁘게 움직이게 됩니다. 오로지 그 한 생각만 먹어야 합니다" 하고 말한다.

"그러면, 잠을 이기려고 힘든 표정을 하고 있는 스님에게는 죽비 경책이 청량제이겠지만 반대로 잠을 청하는 스님에게는 방해가 되지 않을까요."

"그럴수록 그런 생각은 버려야 합니다. 아예 수마의 포로가 되어 버린 상태가 더 위급한 경책 대상입니다. 죽비 끝을 세워 시정없이 내리쳐야 합니다. 죽비가 공부시키는 것이지요."

이것저것 생각이 많은 나는 수좌가 되기는 멀었다. 따지고 들수록 본질에서 멀어지는 까닭이다. 내 손가락이 길다, 짧다, 아무리 해 보았자 달(진리)을 보지 못하는 것처럼.

'모기 잡기식 경책'에 정신이 바짝 든다. 고참 중의 고참인 한주 스님이 죽비를 들고 새벽잠을 깨운다. 순서도 없다. 조는 스님에게 달려가 모기 잡듯 후들겨 때린다. 소리도 보통 큰 것이 아니라서 숲 속까지 메아리가 울린다. 그렇게 몇 번 하고 나니, 자세가 달라지고 조는 스님도 없어졌다. 새벽 수마전에는 달리 뾰족한 방법이 없다. 밀어붙이는 작전만 통한다.

사흘날

낮에도 눈을 똑바로 뜰 수가 없다. 자꾸 스르르 감긴다. 십 분 포행 시간에 지대방에서 도둑잠을 잠깐씩 자는 것도 꿀맛이다.

사흘째로 접어드는 오늘 밤이 고비다. 화두고 뭐고 생각이 없다. 다리를 고쳐도 괴롭고, 뒷좌복을 높여도 불편하고, 그렇다고 낮추어도 편안하지 않다. 허리가 자꾸 구부러진다. 마음에서 짜증이 나니 이래저래 불편하다. 답답해 미칠 지경이다. 마음을 쉬어야 한다. 헐떡거리는 마음, 시간에 끌려가는 수좌는 오 분이 하루 온

종일처럼 느껴진다. 그래도 계속 싸우는 수밖에 없다.

밖에는 벌써 가을 찬비가 내린다. 투닥이는 빗소리에 시나브로 졸음이 실려 온다. 새벽의 깊이만큼 졸음도 끈질기다. 소임자 스님의 말소리에 놀라 깨어났다.

"경책을 똑바로 잘하시오."

자정을 넘기면서 느슨해진 경책을 나무라는 말이다.

"이왕 공부하려고 모였으니, 잠자지 말고 한번 해 봅시다. 이렇게 하느니 차라리 누워서 하는 게 낫겠소."

새벽 두 시를 알리는 쾌종 소리가 들린다. 또다시 죽비 경책의 탄력이 살아난다.

나흘날

맑은 정신이다. 수마가 잠시 소강상태임이 분명하다. 그렇다고 화두가 성성하거나 올올할 리 없다. 능엄경에서는 오십 마장을 이르고 있는데, 어찌 수마뿐이겠는가. 눈뜨고 있으면 망상 분별이 또 심하다.

무릎이 아프다. 이제야 다리가 저려 온다. 육체를 항복 받기에는 아직 수행력이 부족하다.

"출격 대장부가 다리 아프다고 자세를 고쳐서야 되겠는가. 끊어질 때까지 버티고 있어야 육체를 항복 받는 게지."

백전노장인 조실(祖室) 스님의 훈화. 기운도 빠진다. 잘못 졸면 나도 모르게 뒤로 벌렁 넘어지는 꼴을 당한다. 내일부터는 내리막길이다. 벌써 나흘째를 넘기고 있는 까닭이다. 몇 시간쯤은 눈을 똑바로 뜨고 정진할 수 있을 만큼 여유가 있다.

운기조식을 잘해야 한다. 도중에 병이라도 얻으면 실상가싱 격이 된다. 학인 때 병을 얻어 기둥에 몸을 기대고 정진하다가 날짜를 다 채우지 못하고 걸망을 싸 버린 스님이 생각난다. 용맹정진에서 탈락하면 대중에서 제외된다.

닷샛날

지친다. 기가 한풀 꺾이는 기분이다. 스님들의 얼굴을 보니 비로소 용맹정진이 실감난다. 꺼칠꺼칠하고 핼쑥하다. 먹는 양이 줄고 잠도 못 잤으니 그럴 만하다. 몸무게 이 킬로그램이 줄었다.

뒤척뒤척할 때가 많다. 마음이 풀어지고 용맹심이 흩어졌다는 얘기다. 새벽에는 다른 날보다 죽비 경책이 심하다. 시끄러워서라도 졸 수가 없다. 한마디로 기진맥진이다. 비몽사몽을 넘나들면서 시간이 간다.

엿샛날

며칠 잠을 못 자다 보니 깨어 있어도 깨어 있는 게 아니다. 눈을 떴는지 감았는지조차 구별할 수가 없다. 거의 치매 상태에 가깝다. 고문 중에 잠 안 재우는 고문이 가장 지독하다는 말이 꼭 맞다. 동서남북도 구별하기가 힘들다. 그래서 재미있는 일도 많이 일어난다.

방바닥에 벌렁 드러누워 이불을 덮는 행동을 하는 이들은, 주로 처음으로 참여하는 학인 스님들이다. 남의 자리를 자기 자리인 줄 알고 앉는 경우도 더러 있는 일이고, 이불장을 열어 이불을 꺼내는 스님이 있는가 하면 좌복을 가사인 줄 알고 걸치는 스님도 있다. 살아 있는 송장이나 다름없다.

간병 스님은 약을 조제하는 버릇이 있다. 약방문을 펼쳐 놓고 약재를 여러 군데 나누는 시늉을 눈을 감은 채로 되풀이한다. 출가하기 전에 하던 일 습관이 치매 상태에서 그대로 재현되는 것이다. 이러한 행동을 우리는 본지풍광本地風光이라고 말한다. 본디 뜻은 진여자성眞如自性을 말하는 것이지만, 출가 전의 옛 습관이 드러나는 것을 꼬집을 때 쓰는 우리만의 은어이다.

또 어떤 스님은 수영장에서 다이빙을 멋지게 했는데, 눈을 떠 보니 큰방에서 뒹굴고 있더란다. 떠내린 곳이 물속이 아니라 용맹성진하느라 앉아 있던 방바닥이었던 것이다. 그에게 뒷날 물으니, "말도 마세요. 제 딴에는 꿈속인 줄도 모르고 열심히 수영을 한 게 아니겠어요"라고 대답하면서 계면쩍은 듯 뒤통수를 만진다.

이런 일로 용맹정진 장소가 때로는 희극 마당이 된다.

아침에 뒤로 꽈당 하고 넘어졌다. 부끄럽다. 얼굴이 화끈거린다. 나뿐만이 아니다. 기력은 약해지고 체력은 떨어지고. 그러니 앞으로 꼬꾸라지고, 옆으로 넘어지고, 앞뒤로 흔들거리는 스님이 많다. 자리에서 일어나면 멍하다. 어지럽다.

마지막 날

마지막이라는 기대 심리에도 불구하고 여전히 힘들다. 이제 남은 건 정신력뿐이다. 조는 스님은 거의 없다. 장좌불와도 몸에 익으면 일상사와 별다를 게 없다고 말한다. 용맹심의 마지막 발로일까, 눈빛이 초롱초롱하다. 다시 한번 청량골을 꼿꼿이 세운다.

"밥 버러지들아! 정신 차려라!"

아침 정진 때 봉암사 도인이라는 스님이 선문 앞에서 한 말이다. 모두 듣기만 하고 마땅한 대어對語를 붙이지 못한다. 조실 스님도, "이런 대중처소도 이제는 얼마 없소. 복을 감하는 짓일랑 하지 말고 열심히 정진하시오" 한다.

출가인은 복전이 아니던가. 공부하여 시은에 부응하지 않으면 말짱 헛장사이고 빚지는 인생이 우리 출가자의 삶이다.

"오늘 밥은 공밥이 아니군!"

새벽 3시, 방선을 알리는 죽비 소리. 모두들 깔았던 좌복을 털고 일어난다. 큰절에서 새벽 예불을 알리는 도량석 목탁 소리가 비로소 내 귀에 들린다.

지난 일주일 동안의 공부는 누구도 잴 수 없다.
자신만이 알 뿐이다.
시절 인연이 맞으면 깨달을 분分이 반드시 올 게다.
맑아진 스님들의 눈빛이 마치 잔잔한 호수 같다.

부모에게서 태어나기 전의 본래 면목이 이 뭣고?

父母未生前 本來面目 是甚麼 부모미생전 본래면목 시심마?

내가 평생 풀어야 할 숙제인 화두다. 화두를 타파하는 데에는 따져보고(思量) 판단하는(卜度) 따위의 일은 도움이 되지 않는다. 의심이 생명이다(疑團獨路). 의정疑情이 없는 납자를 일러 얼굴만 멀쩡한 바보라고 한다.

처음엔 화두를 무슨 주력이나 염불인 양 '이 뭣고'를 되풀이하면서 줄줄 외우기도 하고, 그저 글자를 놓치지 않으려고 애썼다. 이러한 방법은 잘못된 간화법이라고 구참들은 귀띔한다. 의심이 없으면 화두는 죽은 목숨이다.

"상대적인 경계가 끊어지는 공부를 하는 게 참선이야. 굳이 말을 붙이자니 '이 뭣고' 하는 것이지, 이 뭣고에 떨어시면 그것도 단견斷見인 게야. 생각은 이 뭣고에 두고 그 가운데 의심을 가져야 해."

원당암 큰스님이 일러 주신 말이다. 의심을 내는 게 힘들다. 생각은 또 생각을 만든다. 의심을 해야지, 하며 무슨 문제를 풀듯 골똘하게 생각하면 머리만 아프고 오히려 그것이 망상이 되어 버린다. 의심을 간절하게 잘하면 수좌 공부의 절반을 성취한다는 말이 실감난다.

장로 자각 스님은 좌선의에서 이렇게 도움말을 주고 있다.

생각이 일어나면 곧 없애라. 그러면 망상은 곧 사라진다.

念起卽覺 覺知卽失 염기즉각 각지즉실

"더러 잡념이 요란하게 일어나더라도 결코 그것과 더불어 대결하지 말라. 싸우면 싸울수록 잡념은 더 심해질 것이다. 실제로 사람들이 여기에서 나아가야 할지 물러서야 할지를 가리지 못하고 해결하지 못하여, 바람 따라 휘청이다가 한평생을 그르치는 예가 많다. 만일에 잡념이 잇달아 일어나거든 슬쩍 놓아 버리고서, 자리에서 일어나 한 바퀴 걸은 다음, 다시 좌선에 들어가 두 눈을 뜨고 두 주먹을 불끈 쥐고 등을 곧게 세우고서 화두를 들라. 그렇게 하면 한결 시원해짐을 느낄 터이니, 이는 마치 끓는 가마솥에 찬물을 한 바가지 끼얹음과 같을 것이다."

　벽암록으로 유명한 동산 스님이 상좌를 선방에 보내면서 친절하게 일러 준 말이다. 화두에 몰입하면 호흡은 자연스레 이루어진다는 말을 들었다.

　"첫 철은 단전호흡을 익혀야 한다." 어떤 구참들은 이렇게 말하지만 대부분의 스님들은 일부러 호흡을 하려고 애쓸 필요가 없다고 한다. 단전호흡을 하려다 잘못하면 오히려 몸을 망가뜨리고 병을 얻기가 쉽다. 화두가 웬만큼 익으면 자기도 모르게 호흡이 단전 아래로 내려가는 것을 경험하게 된다. 크게 걱정할 일이 아닌 것 같다.

　또 자세가 왜 중요한지를 알 수 있다. 자세가 흐트러지면 마음도 흐트러진다. 그래서 선사들은 가부좌를 고집해 왔을 게다. 허리를 세우고 있을 때와 그렇지 못할 때의 마음 차이에 대해서는 몇 시간 앉아 있어 본 이들이라면 고개를 끄덕일 것이다. 눈을 감고 있다 보면 나도 모르는 새에 화두는 온데간데없고 엉뚱한 생각을 하고 있다. 깜짝 놀라 눈을 뜬다. 하루 열두 시간을 정진하여도 실제로 화두에 몰입하는 시간은 고작 한 시간이 될까 말까다.

어떻게 공부를 지어야 잘 할 수 있는지, 화두는 잘 간택한 것인지 답답할 때가 많다. 총림 선원은 초참 수좌에게는 적합하지 않은 것 같다. 공부의 방법이나 마장을 친절하게 가르쳐 주는 조실 스님이 가까이 계시지 않은 게 퍽 아쉽다. 해인사의 공부 분위기는 대체로 좋은 편이다. 그래서 웬만큼 힘을 얻은 수좌라면 혼자서도 얼마든지 가행 정진할 수 있다. 그러나 우리 같은 풋내기들은 아무래도 힘에 부치는 곳이다.

공부 잘하는 수좌도 있고, 삼 살 자는 수좌도 있다. 늘 깨어 있으면서 화두를 놓지 않는 스님 역시 일등 수좌이고, 잠잘 때도 화두를 놓지 않는 수좌 또한 일등 수행자이다. 오매일여寤寐一如란 말이다. 그러나 앉아서 꾸벅꾸벅 조는 수좌에게는 화두가 십만팔천 리나 떨어져 있다.

잠자는 수좌 노릇도 어렵다. 진짜 수좌는 조는 듯 마는 듯하다. 눈만 감았다는 것뿐이지 깨어 있을 때나 다를 게 없다. 선방의 장판 때가 얼마쯤 묻어야 가능한 일이다. 나처럼 이마로 방바닥을 찧을 만큼 허리를 휘청이며 졸면 애당초 실격이다. 잠자는 표시를 너무 내기 때문이다. 정말 잘하는 수좌는 자세 하나 바꾸지 않고 조는 이들이다.

그리고 또 한 가지, 코를 골면 안 된다. 도둑잠도 이 코 고는 소리 때문에 들통이 나고 만다. 내 경우는 고개가 아래로 힘없이 처지면 영락없이 코를 곤다. 그래서 대중들로부터 무안을 당한 적이 한두 번이 아니다. 화두를 들다가 잠깐 조는 것은 괜찮지만, 고개가 수그러지는 것도 모르고 자게 되면 정진이 흐리멍덩해진다. 허리가 아파서 간병하는 스님께 만져 달라고 했더니 몇 번 주무르자 "두두둑" 소리가 나면서 시원해진다. 억지로, 아니면 의식적으로 호흡을 하여도 몸에 무리가 오고 심하게 조는 것도 해롭다. 자세를 바르게 하고 조는 것도 요령이다.

나는, 화두가 소소영영昭昭靈靈한 것도 아니니 공부 잘하는 수좌도 못 되고, 잘 졸지도 못하니 얼렁뚱땅 수좌도 못 된다. 그렇다고 이름만 걸고 있는 명자名字 수좌 노릇을 잘하는 것도 아니다. 아직도 내게는 육체가 고苦 덩어리. 몇 시간을 앉아 있으면 다리가 후들후들 떨릴 때가 많다. 한가한 시간에 산행이나 포행을 해 주어야 풀린다.

모든 알음알이를 비우고 자기 내부의 모음母音을 듣는 작업이 곧 참선이다. 그래서 사교입선捨敎入禪이고 회교귀선會敎歸禪이다. 책을 통해 듣는 목소리는 남의 목소리요 사구死句이다. 그러나 자신의 마음을 들여다보고 내는 목소리는 마음의 소리, 곧 활구活句이다.

늘 큰 소리로 말하여도 마음의 목소리는 왜 그렇게 작을까.

해제하는 날

내일이 해제날이다. 좌복 천을 뜯어내 깨끗이 빨고 이불을 손질하는 데에 하루를 보냈다. 다음 철에 정진할 대중들을 위해서 새것처럼 만들어 놓았다.

잘 세탁된 좌복 천을 바꾸는 스님들의 기분은 대개 두 가지다. 설렘과 허탈이다. 한 철 정진을 아무 탈 없이 마치고 산문을 나서는 기분은 운수객雲水客만이 알 수 있다. 해제날에 대한 설렘은 누구나 똑같다. 그러나 눈물이 난다. 허탈한 감정 때문이다. 포단 위에서 보낸 시간에 비해 공부는 나아진 게 없다. 번민과 갈등 속에 여름 안거일이 다 지나갔다. 옛 스님네는 하루해가 지면 다리를 뻗고 엉엉 울었다고 한다. 헛되이 하루를 보낸 까닭에. 그동안의 공부를 점검해 보면 한숨뿐이다. 세월은 토끼 뜀박질이고 공부는 언제나 거북이 걸음이다.

해제날 아침이다. 관물장을 정리하고 해제 걸망을 꾸린다. 인연처를 떠날 때마다 서운한 건 늘 마찬가지다. 석 달을 한 철로 삼아 공부하게 만든 수행 제도가 썩 마음에 든다. 서로 얼굴을 익히고 새록새록 정이 느껴질 만하면 헤어질 때가 된다. 몇 년씩 함께 안거를 산다면 서로를 떠날 때 발걸음 떼기가 얼마나 힘들까. 수행자는 자기 원칙에 철저하고 분명하다. 대충 안주하려는 적당한 심리가 철저히 배격된다. 자기 의지가 강하고 일도양단하는 사고가 몸에 밴 탓일까. 때로는 너무 쉽게 떠나 버린다.

망설임 없이 행동으로 옮겨 버리는 수행자 기질을 나는 배워야 한다. 우유부단한 내 성격은 쉬이 떠나지 못한다. 회필유리會必有離, 만나면 반드시 헤어짐이 있음을 해제날 아침이면 생각하게 된다.

조실 스님의 해제 법어는 짤막하다. "결제는 근기가 약한 사람을 위해 있는 것, 본분 납자에게는 해제와 결제가 따로 없다."

떠나는 일만 남았다. 새로 손질해 입은 풀옷이 걸을 때마다 서걱서걱 소리를 낸다. 해제날 걸망을 지고 산길을 따라 내려가는 발걸음은 남다르다. 장마 빗줄기가 쏟아져도 서슴없이 떠나는 것이 바로 해제날 풍경이다. 산중이 수행처라면, 우리가 나서는 일주문 밖의 시정은 공부의 점검처이다.

산철을 지낼 스님들은 방부를 하기 위해 목적지로 떠날 채비를 서두르고, 본철 때까지 행각을 나설 스님들은 좀 느긋하다. 가을은 만행하기 좋은 계절이기 때문인지 산철 결제를 하는 스님네가 적다. 산철은 해제날부터 보름만 쉬고 다시 두 달 동안 결제하는 것을 말한다. 그러니까 여름 산철은 음력으로 8월 초하루에 시작하여 10월 초하루에 마친다. 모이고 떠나는 게 마치 구름떼 같다. 그래서 운수납자라 했던가.

청산은 그대로 백운만 왔다갈 뿐.
靑山元不動 白雲自去來 청산원부동 백운자거래

청산은 대중처소요, 백운은 나그네이니 바로 선객^{禪客}들이다. 우리만 떠난다. 그러나 구름은 또 청산에 모일 게다.

삭발하는 날

제2장
햇출가 햇스님

첫철 방부

지객 스님을 찾았다.

조계총림 송광사. 이번 철에는 이곳에서 안거를 지낼 작정이다. 해인사에서 해제를 한 뒤 여러 군데 떠도는 동안에 그 전부터 살고 싶던 송광사를 찾기로 하였다.

지객을 맡고 있는 스님이 마침 아는 도반이다. 서로 인사를 나누고 한 철 동안 공부한 이야기를 터놓았다. 내일 아침에 입방 절차를 밟기로 하고 오랜만에 정담 있는 차 한 잔을 나누었다.

처소를 옮길 때마다 또 다른 기분과 새로운 각오로 걸망을 푼다. 여기에서는 내 수행에 어떤 변화가 올까. 이런저런 생각으로 쉬 잠들지 못하고 몸을 뒤척였다. 내가 있는 비전碑殿은 아직 옛 건물이 그대로 남아 있어 정감이 깊은 곳이다. 큰절과 조금 떨어져 있어 꼭 암자 같은 기분이 들기도 한다. 아직도 장작을 지펴 불을 때는 온돌방이라서 더욱 좋다. 거기다 주위의 죽림이 한결 운치를 더한다. 첫눈에 도량이 마음에 쏙 들었다.

그날 밤 대숲을 지나는 메마른 바람 소리가 모처럼 찾아온 운수객을 외롭게 만들었다. 적요를 즐기기보다는 쉬이 외로움에 젖어드는 감상적인 내 모습을 꾸짖으면서 마음을 추슬렀다. 수행의 긴 회랑에서 더러 만나곤 하는 이러한 노을빛 감정은 때로는 나를 한없이 심약하게 만들지만 그것이 또한 나의 당당한 실존이 아니던가. 아무튼 이런 낯선 기분을 나 스스로 싫어하면서도, 자꾸 물처럼 바람처럼 살고 싶어진다. 일상에 쉽게 안주하려 들고 또 현실과 적당히 타협해 버리는 우리네 방일의 본능을 길들이기 위한 하나의

삭발하는 날

작업이기 때문이다.

　수행처를 한 번씩 옮길 때마다 나도 모르게 불어난 물건들과 마주하게 된다. 이번에도 또 나누어 주고 버리고 했으나 걸망 하나는 족히 넘었다. 인간의 삶은 소유의 역사라는 말이 과연 옳다. 내 것이라는 생각에 그냥 둔 것이 떠날 때에는 귀찮은 살림살이가 되어 버린 것이다. 반연 또한 마찬가지이다. 이러한 인연 덩어리가 내 떠남을 망설이게 한다. 그것은 또 정이기도 하다.

　내 뱃속의 배설물을 날마다 내버리듯 소유의 속박에서 벗어나야 한다. 그러나 생각처럼 되지 않아 답답할 따름이다. 우리 운수납자는 떠남을 통해서야 비로소 무소유의 삶을 조금씩이나마 터득하게 되는 모양이다.
　걸망을 챙기면서 그동안 살던 수하樹下에서 쌓아 온 인연의 부피가 너무 무겁다는 생각에 마음이 그리 가볍지 못했다. 걸망 하나만으로 살지 못하는 것은 수행이 아직 턱없이 부족한 까닭임이 분명하다. 아무런 걸림 없이 자유롭게 행각을 돌던 옛 선사들의 행장은 숱한 버림이 선행되었을 게다.
　다음날 입방이 있었다. 먼저 참중參衆 원서에다 대중과 화합하여 정진할 것을 서약하고 내 출가 이력을 적었다. 처음 써 보는 입방 서류라서 기분이 사뭇 진지하였다. 또 산중 어른 스님들을 차례로 뵙고 방부 인사를 올리려고 이곳저곳을 왔다 갔다 하는 것이 하나도 지루하지 않았다. 어른들을 가까이서 뵙고 말씀을 듣자니 푸근하고 좋았다. 모두 반가워하며 이것저것 자상하게 일러 주시는 모습이 마치 옛집에 돌아온 식객을 대하듯 하였다.

큰방에서 정식으로 방부를 할 때는 긴장한 탓에 절을 제대로 했는지 기억이 잘 나지 않는다.

"송광사에서 같이 정진할 스님입니다."

어른 스님네를 비롯해 대중 스님에게 삼배를 한 뒤에 무릎을 꿇고 반배를 마치자, 교무 스님이 이렇게 말하고 내 법명을 또박또박 일러 주었다.

이렇게 하여 큰방에 방을 붙이니 이제 송광사 대중의 일원이 된 것이다. 만나는 스님마다 한결같이 눈빛이 고요하다. 산세에 따라 도량의 성격이 달라지고 또 그곳 스님네의 수행 가풍이 형성된다는 말이 턱없는 주장은 아닌 듯했다. 도량 곳곳에서 이곳 스님네의 섬세한 모습이 그대로 드러나고 있음에서도 알 수 있는 일이다. 어느 스님의 말처럼 주봉에서 부드럽게 흘러내린 조계산을 닮아 그런 게 아닌가 싶다.

사람마다 나름대로 제멋에 살건만
이 몸은 언젠가 한 줌 재가 되는 것
묻노라 주인공아 어느 것이 참나인가.

입적하신 구산 큰스님의 칠바라밀 법문 서문에 있는 게송이다. 스님께서 소참법문小參法門으로 간간이 하신 것을, 아침 공양 끝에 교훈이 되는 내용만을 간추려 한 구절씩 암송하는 게 참 좋아 보였다. 하루를 어떻게 정진해야 할지를 일러 주는 법문이라서 예사롭게 들리지 않았다.

송광사는 승풍을 진작시킨 곳으로도 유명하지만 우리 절 집안에선 수행의 보임처로 더 잘 알려져 있다. 말하자면 공부가 잘 익어 마음을 쉬는 곳이라는 뜻이다.

나를 여러 가지로 부끄럽게 만드는 도량에서 산다는 것은 참으로 커다란 복이 아닐 수 없다. 초발심 때의 마음으로 돌아간 날은 오늘이 처음이지 싶다.

햇출가 햇스님

계단戒壇이 마련된 설법전. 큰절에서 중노릇하는 법을 익힌 행자님들이 출격 장부가 되는 날이다. 여러 달을 후원채에서 살아온 이들이라서 대개가 낯익은 얼굴이다. 승복을 입은 모양새가 조금 서툰 점도 풋풋해 보여서 괜찮고 또 우행牛行하는 발걸음마다 초발심의 마음이 그대로 드러나는 듯하여 좋다.

행자 시절에는 무슨 일이든 앞뒤 가리지 않고 자기 일처럼 이것저것 허드렛일도 마다하지 않는다. 또 이때는 중노릇 배우는 맛으로 신심이 절로 나는 시기이기도 하다. 그래서 행자 때 지은 공덕으로 평생 중노릇한다는 말이 있다. 실제로 행자 생활만 몇 해째 해 온 도반이 내 주변에 여럿 있다. 몸을 돌보지 않고 신심과 원력으로 생활하는 게 행자실 분위기인지라 그 도반들이 어려운 대중 시봉을 자청한 것이다.

이제 막 발심한 행자님이 모습이 방일해진 내 중노릇을 문득문득 돌아보게 했다. 눈빛 형형한 노스님네의 수행 햇수는 또 내 공부를 얼마나 부끄럽게 만들었던가. 오늘 수계하는 햇스님들의 파스라한 삭발 자국이 내 가슴에 따끔한 채찍으로 다가왔다. 실참실수實參實修 없는 그동안의 일상을 일깨워 주어서일까, 나도 모르게 의식이 끝날 때까지 까칠한 내 머리를 줄곧 만진 게 우습기도 하다.

꽃과 향을 불전에 올리고 어제저녁 콩알만 하게 말아 두었던 마른 쑥도 내놓았다. 나중에 연비할 때 쓸 것이다. 인례를 맡아 수계를 돕기는 이번이 처음이다. 그래서 혹시 실수하지 않을까 걱정이 컸다.

목탁 소리 길게 세 번 내리면서 삼보에 귀의하는 큰절을 올리는 것이 첫 순서이다. 의식은 대부분이 범창梵唱으로 이어진다. 계단을 세우신 자장과 진표 양대 율사의 증명으로 범석사왕전룡釤부가 오계하는 엄숙한 자리. 계사 스님이 법단에서 "걸림 없이 허공을 나는 학과 같고 청정하기가 구름 없는 하늘의 밝은 달과 같다" 하며 출가의 당위성을 일러 주시는 말씀이 마음에 새롭게 와 닿았다.

출가한 뒤에는 예의가 세상 법도와 달라 군왕이나 부모에게 절하지 않는다. 그래서 마지막으로 그동안 법기法器를 길러 준 부모의 은혜에 감사하며 세 번 절하는 게 무척 당당해 보였다.

"같이 사랑하며 오래 산다 하여도 때가 되면 반드시 헤어지나니 이렇게 삶은 무상하며 잠깐임을 알았으니 저는 이제 해탈을 구하나이다."

이것이 바로 부처님이 출가하여 부왕께 올린 게송이다. 출가를 결심한 까닭을 똑똑히 알 수 있는 내용이다.

수계식에 부모와 친지들이 참석하여 불문에 드는 아들을 진심으로 축하해 주는 풍경을 거의 볼 수 없다. 이런 풍토가 안타깝다. 아직도 세간의 부모들 중에는 출가를 인생의 포기나 현실 도피쯤으로 생각하는 이들이 많다. 세간에서 바라보는 안타까움의 눈물을 기쁨의 눈물로 승화시킬 만큼 신심 있는 부모들이 과연 몇이나 될까.

이윽고 체발剃髮 순서. 큰 그릇에 떠 놓은 물로 머리를 축이고 삭발은 시늉뿐이다. 미리 머리를 자르고 행자 생활을 했기 때문이다. 머리카락은 무명초無明草요, 칼은 그 무엇에도 견줄 수 없는 금강보검이니, 삭발은 세연世緣을 없애는 행위이다.

부처님은 이렇게 찬탄하신다.

"장하다, 대장부여. 세상의 무상함을 알았구나."

"세속의 진흙에서 나왔으니 참으로 용기 있는 일이다."

이렇게 몸과 마음이 다 출가한 것을 일러 호심출가好心出家라고 한다. 세속의 명리에 이끌리지 않고 인정에 끄달림이 없어야 진정한 사문沙門이라는 이야기다.

"옴 살바못자 모지 사다야 사바하."

모든 죄업을 드러내어 참회하는 소리가 어찌나 장엄한지 나도 한참을 따라 외쳤다. 걷어 올린 팔뚝에 놓은 쑥 뭉치에서 연烟이 오르고 이윽고 살점이 타들어 간다. 따끔할 정도의 아픔이다. 위법망구爲法忘軀의 정신이 아니면 수행 도정이 그렇게 쉽지만은 않음을 연비를 통해 조금쯤 느꼈을지 모르겠다. 깎은 머리에서 출가 본분사를, 선명한 연비 자국에서 지계 청정을 점검하라고 일러 주시는 스님의 말씀. 연비 자국이 아문 지 이미 오랜 내게 외려 더 절실한 물음인 것 같아 귓불이 절로 뜨거워 왔다.

계사 스님은 사미로서 지켜야 할 열 가지 계율을 일일이 물으신다.

"지키겠느냐, 말겠느냐?"

"지키겠습니다."

한 구절씩 따라 새기면서 나도 또 한 번 출가했다.

불살생不殺生이 첫째 계율임은 모두가 아는 사실이다. 그리고 둘째가 불투도不偸盜, 셋째가 불음행不淫行이다.

넷째는 불망어不妄語인데 거짓말에도 네 가지가 있다. 옳은 것을 그르다 하고 그른 것을 옳다 하는 것, 허망한 말과 비단결같이 늘어놓는 말, 또 욕으로 사람을 꾸짖는 것과 이간질하는 말도 모두 거짓말에 든다. 이것들을 삼가는 데에 어디 승과 속이 다르랴.

다섯째는 불음주不飮酒로, 술 한 번 먹는 데 서른여섯 가지 허물이 생긴다고 경계하고 있다.

몸에 분粉을 바르지 말라는 게 여섯째 계율.

일곱째는 가무歌舞를 즐기지 말라는 것. 요즘엔 찬불가도 부르고 포교를 위해 아이들과 춤도 추곤 한다. 방편과 그릇되게 빠져드는 것을 똑똑하게 구별할 줄 알아야겠다.

높고 큰 평상에 앉지 말라 하신 여덟째 계율 역시 검소하게 수행할 것을 당부하는 생활 지침이다.

아홉째는 때 아닌 때에 먹지 말라는 것. 예나 지금이나 식탐食貪이 공부에 별 도움이 되지 않음이 분명하다.

사미의 마지막 계율은 목숨이 다할 때까지 반지나 목걸이 등 장신구를 지니지 말라는 것이다.

이제 평생 지녀야 할 가사를 걸침으로써 수계 의식은 거의 끝난 셈이다. 아직 비구라고는 할 수 없는 예비 승려. 여름 다섯 철, 곧

오 년의 법랍을 채워야 구족계를 수지하고 대중처소에서 정진할 수 있지만 반드시 그렇지만은 않다. 가사 걸친 훤칠한 용모가 수행자의 참모습 같다.

삼천계 가득 금으로 탑을 짓더라도
한 아들 출가하기를 권하는 일에
그 공덕이 미칠 바가 아니다.

이렇게 출가의 공덕을 찬탄해 본다. 오늘 새로이 스님 몇 분을 배출한 우리 설법전 뜨락에는 목련이 햇살에 마냥 벌어지고 있다.

군불예찬

늘 하는 일인데도 괜히 짜증이 나고 싫을 때가 가끔 있다. 방에 군불 지피는 일도 그렇다. 똑같은 일을 되풀이하기가 때로는 그리 쉽지가 않다. 그래서 슬그머니 게으름이 생겨 그냥 넘어가는 날도 많다. 그런 날은 꼭 늦은 밤에 장작을 챙기느라 야단을 피우게 된다.

하루도 거를 수 없는 게 바로 군불 지피는 일이다. 온돌방은 거짓말을 모른다. 내 노력만큼 따끈따끈한 시간을 즐길 수 있으니 말이다. 한번 지피면 며칠씩이나 가는 그런 온돌방이면 좋겠지만 이건 그렇지가 않다. 하루를 넘기면 이내 식어 버린다. 한번 군불을 지피면 한 달이나 따뜻했다는 지리산 칠불암의 아자방亞字房은 어떻게 설계한 것인지 참으로 모를 일이다.

추운 한겨울에는 아침저녁으로 장작을 넣어 주어야 아랫목 윗목 가리지 않게 된다. 멋모르고 그저 나무개비 집어넣는 재미에 아궁이를 자꾸 채우는 날은 초저녁부터 뜨거워서 혼이 나기도 한다. 하지만 이제는 장작개비로 방의 온기를 정확히 알 만큼 요량이 생겼다.

옛 스님네가 공부하던 시절에는 군불 때는 일이 커다란 울력이었을 것이다. 이곳 부도전 큰방을 한번 훈훈하게 데우려면 장작을 서너 짐은 넣어야 한다. 큰 가마솥에 불을 지필 수 있을 만큼 큰 방이니 그때의 화대火臺 소임은 보통 일이 아니었지 싶다.

지금도 대중처소에 화대 소임이 있지만 직접 불을 때는 일은 드물다. 요즘의 큰방은 난방을 기름 보일러로 장치를 바꾸어서 화대가 그 전처럼 그렇게 어려운 하소임은 아니다.

군불 지피는 방과 기름을 때는 방은 확실히 그 맛이 다르다. 그것은 같은 무쇠솥에 지은 밥이라도 나무를 때서 지은 밥과 석유불로 지은 밥맛이 서로 다른 것과 같다. 아무튼 장작 때는 온돌방에서 지내노라니 그동안 메말라 가던 내 정서가 살아나는 것 같아 여간 좋은 게 아니다.

뭐니 뭐니 해도 온돌방은 절절 끓어야 제 맛이 난다. 며칠 집을 비웠다 돌아온 날은 방이 썰렁한 것이 그렇게 낯설어 보일 수가 없다. 그래서 걸망을 풀기에 앞서 먼저 군불부터 지핀다. 그러고는 방이 조금씩 더워질 때면 한 가지 새로운 사실을 깨닫는다. 바로 무정물無情物도 우리처럼 정을 느낄 줄 알고 숨 쉬고 있음이다. 사람이 살지 않는 집은 빨리 상하고 오래지 않아 허물어지는 것을 보아도 알 수가 있다.

내가 사는 방은 아궁이가 세 곳이다. 아궁이 크기는 한 사람이 앉을 만한 공간이다. 그런데 마루 밑에 있다는 게 여간 불편하지가 않다. 무심코 일어났다가는 마룻바닥에 머리를 부딪치기 일쑤다. 그럴 때마다 앉은 자리에서 아픈 곳을 한참 문지르는 게 버릇이 되었다. 아플 땐 참는 쪽보다 소리를 지르는 쪽이 감정을 다스리기가 훨씬 빠르다. 그런 꼴을 어쩌다 도반이 멀리서 지켜보다가 배꼽을 잡고 웃을 땐 나도 따라서 피식피식 웃고 만다. 인욕忍辱하는 일이 생각에만 머문다.

경전은 인욕하지 못하는 삶의 허물을 다섯 가지로 지적하고 있다. 흉하고 악함이 늘어남, 일이 있은 뒤에 후회함, 사람에게 사랑받지 못함, 나쁜 소리를 퍼뜨림, 죽어서 악도에 떨어짐.

아궁이 가득 장작을 넣고 화력이 오르길 기다리는 일은 그리 지루하지 않다. 따닥따닥 소리 내며 타들어 가는 불길이 마치 우리 구도자의 치열한 삶과도 같아서 한참 동안 무아경으로 바라볼 때도 있다.

나무가 잘 타지 않을 때는 눈물을 질끔질끔 흘리기가 예사지만 장작이 다 탈 때쯤이면 그런 일도 싹 잊고 만다. 불 때는 일만 끝내고 나면 하루 일을 다한 것처럼 홀가분하다. 군불을 지핀 뒤에 방문을 활짝 열고 청소를 하는 것도 즐거운 일 가운데 하나.

산중에 사는 일은 몸에 익어야 쉽게 지낼 수 있다. 마음을 쉬지 않으면 힘들다는 얘기가 맞다. 그렇지 않으면 공산空山의 적막이 오히려 마음만 답답하게 할 뿐 공부에 별 도움이 되지 않는다. 사실 산중에 사는 일에 얼마쯤 길들여지기까지 마음 병을 조금씩 앓는 게 나의 고질병이다.

산중 공부란 결국 일상의 여백을 즐길 줄 알아야 가능한 일이지 싶다. 이 여백이란 것은 알고 보면 외부에 따른 것이기보다는 나 자신의 내부에서부터 생겨나는 널널함 같은 것이다.

군불 지피는 일 따위는 한 곳에 순수하게 몰입할 수 있어 좋다. 이와 같은 작은 기쁨이 우리 일상을 늘 새롭게 해 주는 힘이 아니겠는가. 때로는 귀찮게 여겨지는 일상의 일도 마무리하고 나면 몇 곱절 기쁨으로 돌아온다.

빨래하는 일만 보아도 그렇다. 시작할 때의 그 심드렁한 기분은 마치고 난 뒤의 개운한 마음에 견줄 바가 못 된다. 노동은 이처럼 자신이 수고한 만큼 즐거움이 돌아오는 데에 그 값어치가 있는 게 아닐까.

저녁 공양 뒤에 맞이하는 해 질 녘 정경도 빼놓을 수 없는 즐거움이다. 뒤뜰 굴뚝에서 피어오르는 연기가 대숲으로 사라지는 아름다움은 송광사 팔경 가운데 첫째로 꼽힐 정도이다. 이때는 연기 냄새도 구수하게 느껴지고 산다는 일에 새삼 고개가 끄덕여진다.

마르지 않은 통나무로 군불을 지피면 꽤 늦은 밤까지 소리를 내며 방을 덥힌다. 장작 타는 소리를 들으며 공부할 수 있는 이런 방이 이제는 우리 산중에도 몇 아궁이 되지 않는다. 나무값이 비싼 탓에 현대식 난방으로 바뀌는 처소가 많아졌기 때문이다.

무엇이든 투닥거릴 일이 있어야 내 집이라는 애착도 생기고, 타성에 젖어 게을러지는 일도 없을 것 같다. 며칠 전 뒤란에다 새로 장작을 들여와 볏더미만 하게 쌓았다. 한 해 먹을 양식을 구해 놓은 듯이 든든하다. 비 오는 날에 장작이 젖지 않게 우장을 덮어 주어야 하는 일이 또 하나 늘어난 걱정거리이다.

수행길 산행길

천자암天子庵은 큰절에서 꽤 떨어진 암자이다. 산죽山竹이 듬성듬성 나 있는 산길을 시간 반쯤 걸었다. 초행길은 아는 길보다 지루함이 덜하다. 이 모퉁이만 돌아서면 곧 암자가 나타닐 듯한 그런 산길을 계속 걸어왔다. 가끔 산행길에서 사람을 만나 목적지를 물으면 대답은 입을 맞춘 듯 한결같다. "조금만 오르면 된다"는 것. 그 말을 다 믿지는 않지만 그래도 힘이 훨씬 덜어진다.

내 목적지를 미리 알면 재미가 없다. 초행길을 걸을 때와 같은 기대감이나 설렘이 없으면 우리 삶은 물기 없는 나무처럼 시들시들 탄력을 잃고 말 것이다.

천자암은 중국 금나라 천자의 셋째 아들인 담당湛堂 국사가 창건한 까닭에 붙은 이름이다. 이곳은 커다란 향나무 두 그루가 더 유명한 곳이다. 보조와 담당, 두 스님이 심었다는 이 쌍향수는 그 유래에 대한 믿기지 않는 전설을 담고 있기도 하다.

노스님이란 말이 참 좋다. 큰스님이라는 말보다는 어쩐지 정겹다. 먼저 어렵다는 생각이 들지 않는다. 노스님은 할아버지처럼 친근하게 느껴지는 우리 집안의 어른이다. 좋은 어른은 사람을 가려서 대하지 않는다. 또 그럴듯하게 보이려고 위세만 떨치지도 않는다.

중국 임제종의 법통을 이은 오조 법연法演 스님의 말씀은 그런

뜻에서 가슴 깊이 와 닿는 보훈寶訓이 아닐 수 없다.

"큰스님 가운데는 도력으로 사람을 감동시키는 사람이 있으며 세력으로 사람을 복종시키는 사람도 있다. 마치 난새나 봉새가 날면 모든 새들이 좋아하나 호랑이가 지나가면 모든 짐승들이 두려워하는 것에 비유할 수가 있다. 겉으로 따르는 모습은 하나로 나타나지만 그 품격은 천지 차이로 갈라진다."

어찌 우리 절 집안에서만 통하는 말이겠는가. 어른은 많지만 어른다운 어른은 그만큼 쉽지 않다는 뜻일 게다.

노스님은 산문의 표상이란 말이 있다. 그만큼 어른이 갖는 덕화는 산중을 지키는 보이지 않는 힘이 되고 있다. 어른의 목소리가 그리울 때 언제나 뵐 수 있는 노스님이 산중에 계시다는 것은 참 마음 든든한 일이다.

처자암 노스님을 뵈었다. 걸망에서 가사를 꺼내는 동안 노스님은 경전을 두런두런 소리내어 읽고 계셨다. 경전을 치울 때 얼른 훔쳐보지 않았으면 화엄경인지도 모를 뻔했다.

"그래, 중노릇은 몇 해나 했는고?"

"이제 겨우 육하六夏를 지냈습니다."

자꾸 얼굴이 붉어졌다. 그동안의 공부라도 점검하려 들면 한순간에 말문이 막혀 버리는 일을 또 당할까 싶어서이다.

"육년근 인삼이로군! 뿌리를 든든히 내리려면 아직 멀었어."

아직 초참인 나의 병통을 아신 듯 꼬집으신다. 노스님들을 뵐 때마다 마음 한쪽을 비우고 넉넉한 내 공간을 가지고 싶어진다. 어찌면 노스님의 널따란 수행 공간을 들여다보는 일로 내 편안함을 얻으려는 것인지도 모르겠다.

얼마쯤 수행이 익기까지는 육단심肉團心을 잘 다스려야 상기병을 막을 수 있다는 말씀은 둘도 없는 청량음이었다.

육단심이란 말하자면 '욱' 하는 성질 같은 것이다. 한번씩 마음을 쉬지 못해 답답할 때는 괜히 짜증이 나고 내 본분사 밖으로 감정이 기울게 된다.

참으로 무사인無事人이 되어야 할 터이다. 일상을 통하여 어디에도 거리낄 것 없이 순수하게 몰입하고 집중하는 천진한 마음을 지키는 일이 우선이 아닐까. 그래서 일 없는 가운데 분주함을 찾고 바쁜 가운데 한가함을 누릴 수 있는 참공부를 얻어야 하지 싶다. 그런 인연이 오기까지 내가 걸어가야 할 도정은 아직 멀다.

밖으로 모든 반연을 쉬고
안으로 조용해져야만
그 마음은 장벽과 같아서
스스로 도에 들 수 있다.

달마 스님의 유명한 사구게이다. 달마는 안심安心의 실천 방법으로 벽관壁觀을 제시했다. 안심이 수행의 어떤 목표라면, 벽관이란 그곳에 이르는 길 같은 것이다. 이 벽이란 결국 수행자가 도정에서 만나는 정신의 장벽일 수도 있다. 당장 눈앞에 나타나는 조그만 경계에도 분별심으로 쉬 흐려지는 게 내 수행 분상이다. 하물며 안심락은 잡히지도 않는 먼 이야기일 수밖에 없는 것이다.

잡아함경에 부처님과 소오나 비구의 대화가 있다. 바로 거문고 타는 비유이다.

"거문고를 탈 때 그 줄을 바짝 조이면 어떻더냐?"

"소리가 나지 않습니다."

"줄을 너무 늦추었을 때는 또 어떻더냐?"

"그때도 잘 나지 않습니다. 줄을 너무 늦추거나 조이지 않고 알맞게 잘 골라야 맑고 아름다운 소리가 납니다."

"바로 그렇다. 너의 공부도 그와 같다. 정진을 할 때 너무 조급히 하면 들뜨게 되고 너무 느슨히 하면 게으르게 된다. 그러므로 알맞게 하되 집착하지도 말아라."

노스님도 이런 공부의 이치를 경험하신 듯 내게 일러 주셨다.

"농부가 농사를 짓듯이 생각 없이 그 마음을 지어야 하는 게야."

망상이 일어날 때면 공부를 단단히 조여야 한다는데, 난 아직 늦추는 일도 제대로 못하는 처지이다.

큰절로 내려오는 길은 내리막길. 수행하는 일도 오르막과 내리막의 요령처럼 알맞은 완급이 필요한 것 같다.

도반 만나는 날

해제날은 아침부터 괜스레 마음이 급해진다. 서둘러 산문을 내려온 까닭에 한 철 함께 지낸 도반 스님과 인사조차 제대로 나누지 못한 게 자꾸 마음에 걸린다. 해제날을 명절 기다리듯 줄곧 기다려 온 탓일까. 이날은 꼭 남보다 먼저 걸망을 챙기게 된다.

한 철씩 안거를 지내곤 하는 우리에게 이날은 보통 때와 달리 각별하다. 한 철 동안 내 본분사를 점검하던 방석을 훌훌 털고 일어나는 날이기 때문이다. 홀가분한 기분만큼 그냥 즐겁다. 어쩌면 이처럼 처음과 끝을 거듭하면서 작은 기쁨을 만들어 가는 것이 바로 우리의 삶인지도 모르겠다.

사시 공양을 마치고 제 바릿대를 챙기는 일로 안거의 수행 일정을 마무리했다. 떠나는 일만 남은 것이다. 조그마한 걸망 안에 행각 때 필요한 물건들을 챙기면서 만행무정처萬行無定處의 내 삶을 다시 한번 생각하였다.

마땅히 갈 곳도 없으면서 짐을 싸는 손길이 왜 이리 빨라졌는지 모르겠다. 맨 먼저 가사를 곱게 접어서 보자기에 쌌다. 어느 처소에 가든 가사 하나만 있으면 끼니 굶을 염려는 없다. 거기다 속옷 한 벌, 양말 한 켤레쯤이면 한동안 다닐 수 있다. 간단한 세면도구까지 넣었더니 걸망의 모양새가 제법 갖추어졌다. 이번에는 오래 다닐 작정으로 삭발할 때 사용하는 면도기까지 챙겼다.

대충 이렇게 걸망을 싸고 난 뒤에 끈을 어깨에 맞추어 묶었다. 아래로 너무 처지면 걸망이 흔들리고 또 위쪽으로 단단히 조이면 어깨가 아파 오는 것을 줄이기 위해서다. 걸망 배가 튀어나오지 않게 내용물을 잘 정리하는 것도 중요한데 그러려면 오랜 숙련이 필요하다. 등산 배낭을 꾸리는 일과 똑같은 이치이다.

　걸망은 무엇보다 가벼워야 좋다. 그래야 기분이 상쾌하다. 줄이는 습관이 몸에 배지 않으면 자신도 모르게 이것저것 주섬주섬 챙기게 된다. 언제든 쓸 일이 있을지도 모른다는 생각이 걸망을 무겁게 만드는 함정이다. 그래서 걸망을 깔끔하게 갖추고 다니는 스님네를 만나면 예사로 보이지가 않는다. 걸망 싸는 일만 보아도 그 수행자의 살림살이를 엿볼 수 있기 때문이다.

　해제날 아침에는 아궁이 가득 군불을 지폈다. 얼마 동안 거처를 돌보지 못할 것을 배려하여서이다. 이미 며칠 전부터 차근차근 해제 준비를 해 두었다. 뒤란의 장작더미는 새로 우장을 덮어 단단히 동여매었고, 화장실에 낙엽을 여러 겹 뿌려 주는 작업도 마쳤다. 낙엽을 덮어 주는 것은 화장실 냄새를 줄이기 위해서이다. 하루 앞날에는 이불 빨래까지 길게 널었다. 길을 나설 때는 벗어 둔 옷가지 하나라도 남아 있으면 마음이 개운치가 않다.

　풀 먹인 무명옷을 꺼내 입었다. 풀옷의 서걱서걱하는 소리가 해제날 아침에 더 크게 느껴지는 것을 보니 마음이 꽤 가벼웠던 모양이다.

　해제날 걸망을 메고 산문을 나서는 스님네의 모습이 더없이 좋다. 걸망 하나만으로 떠날 수 있는 수행자의 삶이 얼마나 좋은가.

아마 이런 기분을 누리려고 안거를 착실하게 지내는지도 모르겠다. 한 철의 정진에 따라 해제날의 분위기도 달라지는 것이다. 또 어디론가 떠난다는 사실이 마음을 설레게 한다.

처음으로 걸망을 푼 곳이 해인사. 마치 출가 본사를 찾은 것처럼 기분이 푸근하다. 몇 해 살면서 중노릇을 익히고 장판 때를 묻힌 곳, 내 사상의 근간처라서 그럴 게다. 언제 들러도 내 집처럼 편안한 도량이다.

해인사에서 그리운 도반들을 만났다. 학인 시절에 동수동행同修同行하던 도반들과의 만남은 거짓 없는 기쁨이다. 사실 도반을 만난다는 생각에 해제날부터 기분이 들떠 있었다. 풋내기 수좌들로서 저마다 다른 처소에서 안거를 지내고 모인 것이다.

도반들의 눈빛이 맑게 살아 있었다. 오랜만에 둘러앉아 풋풋한 정담을 나누고 도반들의 안부를 물었다. 그동안 보지 못하여 서운하던 몇몇 도반들 소식도 이런 날이면 들을 수 있다. 건강을 회복하여 다시 수행 길에 나선 도반의 환한 얼굴이 반가웠다. 또 다른 나라에 나가 있는 도반의 건강도 확인할 수 있었다. 한 가지 우리를 슬프게 한 것은 한 도반의 환속에 관한 이야기였다. 공부를 잘하던 도반인 터라 뜻밖의 그의 소식은 우리를 안타깝게 만들었다. 젊은 도반들이라 수행의 부침이 다소 심한 게 걱정이다.

세속인에겐 깨복쟁이 친구가 편하듯 우리 수행자에겐 죽마고우에 해당하는 강당講堂 시절의 도반들이 최고다. 때때로 인정 없는 사무적인 만남들이 우리네 일상을 얼마나 지치게 만들고 있는가.

그래서 가식과 위선을 벗어던진 도반들과의 만남은 참으로 편안하다. 법석이었던 셈이다.

헤어진 도반들이 벌써 그리워진다.

김장 담그기

김장은 화엄전 뒤 채마밭에서 배추 뽑는 일로 시작되었다. 갑자기 추워진 날씨 때문인지 무서리가 허옇게 내렸다. 김장하는 날은 어김없이 춥다. 가만히 있어도 입김이 절로 나온다. 산중에선 김장을 일찍 서두르지 않으면 안 된다. 자칫 때를 놓쳐 배추, 무가 바람이 들거나 얼어 버리는 날에는 낭패를 입는다. 그래서 김장 울력은 첫눈 내리기 전에 하는 일로 삼고 있다.

채마밭의 배추가 여간 좋은 게 아니다. 벌레도 먹지 않고 잘 자란 배추는 포기마다 속이 꽉 찬 게 보기에도 탐스러웠다. 먼저 잎이 부서지지 않게 짚으로 묶어 주는 일부터 하였다. 그런 다음에 배추를 뽑는다.

"칼자루를 단단히 쥐고 왼손으로 이렇게 머리 부분을 눌러 주면서 밑동을 자르면 일하기가 수월하지요."

원주 스님이 밭일에 서툰 스님들을 위해 배추 뽑는 요령을 일러주었다. 배추가 상할까 봐서 걱정이 되었던 것이다. 소임자들은 자기 일처럼 꼼꼼히 하는데 나는 왜 그렇게 못하는지 모르겠다.

무슨 일이든 덤벙덤벙하는 게 내 버릇이다. 그리고 쉬이 싫증을 내는 습성도 고쳐야 할 점이다. 대중 울력을 해 보면 아무래도 구참 스님네가 매사에 꼼꼼하고 차근차근한 편이다. 우행호시牛行虎視의 공부 방법이 몸에 익어서 그럴 게다. 혼자서 하면 꾀가 생겨 벌써 그만둘 일도 그런 스님들 때문에 마음을 고쳐먹는 경우가 많다.

배추를 뽑는 일은 오래 걸리지 않았다. 밭에서 배추를 큰절 마당으로 옮기는 일이 더 큰 일이었다. 밭 한쪽에다 구덩이를 내고 겨울 내내 찬으로 쓸 무를 묻으면 그것으로 밭일은 끝난다.

다음 일은 배추를 절이는 순서. 이 또한 반나절 일감이다. 많은 배추를 절이려면 아주 커다란 통이 필요하다. 한번 쓰자고 큰 통을 여러 개 사들일 수도 없는 노릇이다. 그래서 머리를 짜낸 게 칸막이를 이용하는 것이었다. 마당 한쪽에 통나무로 네모꼴 공간을 만들었다. 다시 합판을 붙이고 두꺼운 비닐을 모양대로 깔고 나니, 물이 새는 것을 막을 수 있는 구조물이 되었다. 크기는 만들기에 따라서 얼마든지 조절할 수 있다. 다 만들어진 것을 보고 한 스님이 "머리 좋은 스님네와 살면 손발이 고생을 덜해요" 하여 모두 웃었다. 대중과 살게 되면 미처 모르고 지내던 일을 새롭게 배우는 이점이 있다.

배추를 반으로 자르는 일이 절이는 일보다 쉬울 것 같아 그 일을 맡았다. 부서지거나 시든 잎을 떼어 내고 밑뿌리를 잘라 내는 일도 숙련된 솜씨가 필요했다. 두 쪽으로 쪼갤 때마다 배추 속이 촘촘하게 드러났다. 큰 포기는 네 쪽으로 나누어 잘랐다. 절이는 작업도 생각보다 재미있었다. 소금물에 한 번 담갔다가 꺼내어 바로 큰 통에 차곡차곡 쌓아야 한다. 몇몇 스님이 호흡을 잘 맞추었다. 한 줄씩 재고 나면 "비켜요 비켜!" 하면서 굵은 소금을 척척 뿌리는 것도 그렇고, 소금이 고루 잘 먹게 쪼갠 쪽을 위로 오게 쌓는 스님의 솜씨는 절밥을 하루 이틀 먹은 솜씨가 아니었다. 이렇게 절이는 일까지가 첫날의 일이다.

이튿날에는 절인 배추를 씻는 일을 하였다. 배추 씻는 일은 잔

손이 많이 간다. 하룻밤을 지내면서 배추는 소금에 절어 부피가 많이 줄어 있었다. 개울이 후원 가까이 있어 씻는 것은 어려움이 없었다. 물살이 놀아 흐르는 곳을 돌로 막아 작은 소(沼)를 하나 만들어 놓고 절인 배추를 위에서 던지면 아래쪽에서 떠내려 온 배추를 건져 올리는 식으로 해서 한결 쉬웠다. 하나씩 깨끗이 씻기가 힘들어서 대충 소금기를 빼는 정도에서 그친다. 그래서 절 김치에서 솔잎이나 작은 낙엽이 끼어 나올 때가 더러 있다.

일은 수월해도 개울가에서 배추를 씻다 보니 모두 추워서 이만저만 고생한 게 아니었다. 물가에서 하는 일이라 그렇다. 씻은 배추를 후원까지 옮기는 일을 하면서 팔심을 무리하게 쓴 탓인지 일을 다 마친 뒤에도 온 팔이 한참이나 후들후들 떨렸다.

김장하는 날은 쉬는 손이 없다. 행자님들도 이 일 저 일로 바쁘고, 처사님들은 김장독 묻을 구덩이 파는 데 한몫을 하고, 후원의 채공 보살님들은 양념 만들기에 분주하다. 양념을 버무릴 때 따로 맛을 내기 위해 청각, 생강, 당근, 미나리를 썰어 넣는다. 절집에서는 파와 마늘은 쓰지 않는다. 혀를 자극하는 독특한 향이 공부하는 스님에게 해를 주어서다. 그래서 절 김치는 담백한 맛이 자랑이다.

먹어도 먹어도 물리지 않는 절 김치에 인이 박인 까닭일까, 이제는 세속 김치 맛에 은근히 비위가 상한다. 맛이 담백한 절 김치를 젓갈이나 고기를 넣지 않았다고 해서 소(素)김치라고도 부른다.

꼬박 이틀 동안 김장 담그는 일을 했다. 모두 삼십 접쯤은 될 듯하다. 내년 초파일 때까지 김장김치를 먹을 수 있을 것이다.

겨울 안거를 지내려면 반드시 김장을 봐 주어야 한다는 이야기가 있다. 그만큼 큰일로 친다. 김장만 해 놓으면 소임자 스님들은 겨울나기 준비를 다 한 것처럼 마음이 든든하다.

한겨울엔 울력이 적다. 이제 해제날까지 열심히 정진하는 일만 남았다.

감자 캐는 울력이 있던 날이다. 여름 안거를 시작한 뒤 첫 울력이라서 다른 때보다 서둘렀다. 고무신은 흙이 잘 들어가 밭일을 할 때에는 오히려 성가시다. 양말이 흙투성이가 되는 게 싫어 운동화를 신었다. 겉저고리를 단단히 동여매고 밀짚모자까지 쓰면 밭일 할 채비가 대충 끝나는 셈이다. 팔뚝에 토시까지 갖춘 스님네는 행동이 야무져 보이기에도 좋다.

대중 울력은 빠지는 이가 있어서는 안 된다. 어른 스님네부터 행자님들까지 팔을 걷어붙이고 땀을 흘리는 시간이다. 뒷방의 노스님들까지도 힘든 밭일을 함께하는 것을 자주 보아 왔다. 이곳은 아직까지 울력의 정신이 잘 지켜지고 있는 것 같다.

화엄전 뒤 넓은 채마밭 대부분이 감자밭이다. 위쪽은 들깨를 심고 아래쪽은 고추와 상추를 심었다. 감자밭은 일꾼들 몇 명이 며칠은 꼬박 일해야 할 만큼 꽤 넓다. 한 해 동안 먹고도 남지 싶다. 그래도 살림을 꼼꼼히 하는 원주 스님은 "가뭄이 들어 감자 알이 작아졌어요" 하며 토실토실 살이 오르지 않은 것을 못내 아쉬워한다. 사실 감자를 다 캐는 동안 주먹만큼 굵은 감자는 별로 눈에 띄지 않았다.

감자 캐는 일도 요령이 필요하다. 무턱대고 호미로 파헤치다가는 감자가 상한다. 호미 끝에 감자가 찍히거나 상처가 나면 그곳이 썩어 들어가기 때문에 오래 보관할 수가 없다. 그냥 푹푹 파내는 게 아니라 이랑 바깥쪽에서 깊이 호미질을 하는 게 비결이다.

그렇게 하니 알이 흙덩이째로 고스란히 드러나곤 했다. 또 한 줄씩 맡아서 하는 게 수월하고 능률도 몇 곱절 난다는 걸 알았다. 그러지 않고 우왕좌왕하면 이랑 한 줄 정도는 그냥 둔 채로 일을 끝내기 십상이다. 그래서 원주 스님은 뒤쪽에서 괭이를 들고 다니며 이랑마다 확인하는 작업을 계속하고 있었다. 한 곳에 여러 개 달려 있는 감자를 캐낼 땐 보물을 찾은 것처럼 신나서 "스님, 여기 좀 보세요. 한 무더기나 돼요"라고 한 걸로 봐서 그렇게 힘들지는 않았던 모양이다.

밭자락이 절반이 더 되게 비워지면서 스님네의 손놀림도 빨라지기 시작했다. 일에 탄력이 붙은 것이다. 감자 줄기를 뽑아내면, 그 이랑을 따라 호미질을 하고 뒤이어 감자를 주워 담는 동작을 계속 되풀이하였다. 한 가마니가 금방 채워질 만큼 일을 빠르게 한 것은 다들 제 일처럼 열심히 한 덕택이다. 이 이랑 저 이랑을 부지런히 뛰어다니며 감자를 줍던 한 스님은 고무신에 흙이 자는 것이 귀찮은지 아예 맨발이 좋다는 식이었다.

울력은 땀이 흐르지 않을 만큼 쉬엄쉬엄 하라는 말도 있지만 어디 그게 될 법이나 한가. 무엇보다도 비구 스님들은 무슨 일이든 후딱 해치우는 성질이 몸에 밴 까닭에 더욱 그렇다. 오늘 같은 일을 느슨하게 하면 도리어 기운만 빠진다. 이런 살림살이는 일상의 공부에서 그대로 적용되는 이치이기도 하다.

날이 그리 뜨겁지 않아 일을 빨리 끝낼 수 있었다. 여름 장마가 오기 전에 감자 캐는 일을 마칠 수 있도록 알맞은 날을 정한 건 소임자 스님의 오랜 경험 덕이 아닐까 싶다. 때를 놓치면 대중의 공부

분위기를 해칠 수 있기 때문이다. 손발이 척척 잘 맞아 하루 일감이 반나절로 줄어들었다. 그 사이에 넓은 감자밭이 빈 들판이 되어 버린 게 믿어지지 않았다.

감자를 담은 자루들을 한곳에 모아 놓고서 일을 마무리 지을 때엔 햇살이 많이 엷어져 있었다. 오늘 같은 날에는 몸에서 끈적끈적 묻어나는 땀 냄새도 싫지 않다. 수행자로서의 내 삶이 당당하게 느껴진다. 그것은 자기 일에 충실했다는 단순한 사실 덕분이다. 절집안의 울력은 단순한 노동이 아니라 몸으로 익히는 수행이다.

일도 늘 하던 사람이 잘하는가 보다. 오랜만에 호미질을 반나절 했다고 손에 물집이 잡히고 어깨까지 묵직하다. 몸을 크게 움직이는 일을 자주 하지 않은 탓일 게다.

일본의 어떤 스님이 우리나라 절을 방문하고 세 가지 사실에 놀랐다는 이야기를 들었다. 울력이 적다는 것과 일꾼을 사는 것, 그리고 그에 따른 불필요한 노임 지출이 그것이다.

스님들이 너무 편하게 지낸다는 뜻이다. 흔히 소임자 스님들은 "울력을 꼭 사중 일로만 생각하는 자세 때문에 일에 대한 집중력이 떨어진다"고 말한다. 또 노스님들은 "큰절을 그저 묵었다 가는 하숙집쯤으로 여기고 남의 집 보듯 한다"면서 꾸짖으신다. 차츰 타산적이고 이기적으로 굳어 가는 내 일상이 무섭다. 아무튼 수행자가 타성에 젖는다는 건 자기 질서에 둔감해지는 일이 아닐 수 없다.

아까 먹은 햇감자 생각이 자꾸 난다. 포슬포슬하게 잘 삶은 감자는 담백한 맛이 으뜸이다. 다른 식품보다 조리법이 다양해서 물리는 일도 없다. 또 고혈압을 예방하는 건강식품이기도 하다. 감자를 여러 개 먹은 탓인지 지금까지 속이 거북하다. 절식을 잘 못하는 것도 내게는 큰 병이다. 앞으로 삶고, 볶고, 튀긴 햇감자 요리를 공양 때마다 맛보는 즐거움도 괜찮으리라.

박 행자의 삭발

전남 여수시 교동 468번지.

나이 스물여덟 살.

키 170센티미터, 몸무게 65킬로그램.

육군 병장 제대.

질병 앓은 적 없음.

불교와의 첫 인연은 군대에서…….

오늘 삭발한 박 행자의 입산 원서에 적혀 있는 내용의 한 부분이다. 신체 건강한 청년임을 알 수 있다. 실제로 박 행자는 안경은 썼지만 꽤 건강해 보인다.

박 행자는 입산하여 출가의 뜻을 밝힌 지 꼭 일주일째 되는 날에 삭발을 하고 행자복을 입었다. 그러니까 그에게는 첫 삭발이 되는 의식을 치르고 예비 수행자가 된 것이다. 큰절의 입산 절차는 꽤 까다롭다. 그래서 원주실을 찾는 사람은 많아도 박 행자처럼 삭발하는 이는 드물다. 말하자면 일주일이 유예기간이 되는 셈인데, 날짜를 다 채우지 못하고 하산하는 사람이 허다하다. 이 기간에는 말 한마디 할 수 없으며 선 채로 반배하는 게 하루의 일이다. 스스로의 출가 의지에 대하여 다시 한번 깊이 점검해 보는 시기이다. 괜한 호기심이나 일시적인 충동으로 산을 찾는 이들은 대개 이때에 가려진다.

"입산할 때 대충 알 수 있지요. 짐 보따리가 크다거나 옷을 깔끔하게 입고 오는 이들은 오래 있지 못하고 떠나는 걸 많이 보았어요.

이것저것 가리지 않고 살겠다는 각오가 되어 있어야 해요."

행자 교육을 담당하고 있는 원주院主 스님의 귀띔이다.

출가하는 이들을 가만히 보면 몇 가지 재미있는 사실을 알 수 있다. 간편한 복장을 하고 법당 주위를 왔다 갔다 하는 이는 십중팔구 입산 후보들이다. 계절은 가을이 한몫을 차지하고, 아침 일찍이나 늦은 오후쯤이 단골 시간이다. 아침에 오는 이는 밤차를 타고 온 경우이고, 저녁 시간에는 이리저리 배회하다 용기를 낸 사람들이다. 서른 살이 평균 나이인데 갈수록 늦어지는 추세이다. 학력은 대학 졸업이 많다. 호주머니에는 차비 정도밖에 없는 것도 거의 일치한다. 그리고 경상도에서는 전라도에, 전라도에서는 경상도에 있는 절로 출가하는 비율이 높다. 예나 지금이나 자신의 출신지에서 멀리 떠나서 수행하고 싶은 건 공통된 심리인 것 같다.

거의 같은 시기에 세 사람이 입산하였으나 삼천배까지 마친 이는 박 행자 한 사람뿐이다. 긴 고수머리를 자르기 전에 박 행자는 후줄근한 속복 차림이었다.

세숫대야에 맑은 물을 담고 비누 한 장과 면도칼을 놓으면 삭발 준비는 끝난다. 선행자先行者들도 삭발 의식에 빠지지 않고 모였다. 삼귀의를 하고 반야심경을 끝낼 때까지 박 행자는 또박또박 잘 따라 외웠다. 일주일을 그냥 지낸 게 아님을 알 수 있었다.

내가 물었다.

"아직 마음이 정리되지 않았으면 지금 일어나도 좋습니다."

그의 결심을 마지막으로 확인하는 말이다. 잠잠한 것은 곧 긍정을 뜻하는 까닭에 다음 물음으로 넘어갔다.

"사미계를 받는 날까지 불퇴전의 신심으로 행법을 익혀 나갈 수 있겠습니까?"

"네."

무릎을 꿇고 머리를 적시자 참회진언이 시작되었다.

"옴 살바못자 모지 사다야 사바하."

칼을 잡은 내 손이 움직일 때마다 머리카락이 까맣게 대야에 담겼다. 긴 머리를 깎는 일이 더 힘들다. 더군다나 박 행자의 머리카락은 억센 편이어서 정교한 손놀림이 필요했다. 칼날을 두 번이나 바꾸면서 삭발을 끝낸 것만 봐도 짐작할 수 있다. 어른 스님의 말씀처럼 아직 삭도질이 제대로 나지 않은 탓인 것 같다.

맨머리가 된 박 행자는 딴 사람처럼 모습이 달라져 있었다. 이목구비의 음영이 확실히 드러나 보인다. 훤칠한 대장부가 따로 없지 싶었다.

"내 모습이 이상해졌어요."

박 행자가 내게 던진 첫마디가 나를 웃게 만들었다. 머리를 깎고 처음으로 거울을 본 모양이다. 아직 실감이 나지 않을 게다. 그러나 곧 자신의 모습에 익숙해질 것이다. 몇 해 전에 나도 기분이 그랬으니까.

지금쯤 박 행자는 입방식을 하느라고 정신이 없을 게다. 입방식은 군대로 치면 신병 신고식에 해당되는 절차이다. 행자실에 식구가 한 명 늘어나는 날이다. 행자 수칙을 보면 무슨 군대용어 같다.

엄격하기로 소문난 해인사 행자실은 수칙을 커다란 글씨로 적어 놓고 있다.

예불 철저.
대적광전 앞을 지날 때 반배.
스님들께 인사 철저.
선배 행자에게 절대 복종.
소임, 차수叉手 철저.
스님이 물어보면 반배로써 대답.
삼경 전 취침 금지.

대개 신심과 하심에 해당되는 항목들이다. 무슨 일이든지 하나씩 배울 때는 힘든 줄 모른다. 그것이 어려운 행자 생활을 이겨 나가게 하는 어떤 힘이 아닐까. 어쨌거나 행자 시절에 지은 복으로 평생 중노릇한다는 것은 그 시절의 신심을 도저히 따라잡기가 힘들어서 나온 말이다.

이제 발심하여 중노릇의 예비 과정을 익힐 박 행자는 내가 알고 지내는 스님의 동생이다.

원두일기 1

밭일로 시간을 보내는 일이 많아졌다. 초봄에 심은 씨앗들이 웬만큼 자라서이다. 조그마하게 비닐하우스를 만들어 가꾼 것들이다. 벌써 모종을 낼 만큼 파릇파릇한 떡잎이 눈에 보인다. 원두園頭를 맡은 스님이 보살핀 정성이 헛되지 않아 발아가 꽤 잘 되었다.

토마토, 호박, 오이, 수박. 대개 여름철에 손쉽게 먹을 수 있는 채소들이다. 수박은 올 여름에 과연 따 먹을 수 있을는지 모르겠다. 시험 삼아 한번 심어 보기로 한 것이다. 농작물 키우는 재미가 이런 것일까. 무심하게 뿌린 조그마한 씨앗들이 이렇게 푸른빛으로 자라나는 것이 믿기지 않을 정도로 신기하기도 하고 재미가 난다. 하루에도 몇 번씩 자꾸 눈길이 간다. 씨를 뿌리고 나서는 혹시나 새들이 씨앗을 물어 갈까 봐서 은근히 걱정했는데 하나도 상하지 않고 촘촘하게 잘 자랐다.

열매를 거두려면 아직 멀었다. 그리고 그때까지 신경 써야 할 일이 한두 가지가 아니지만 벅차거나 걱정스럽지 않다. 가꾸고 키우는 재미도 밭일의 한몫이기 때문이다. 무턱대고 결과를 바라기보다는 하나하나 차근히 해 나가는 과정이 우리 일상에서도 필요하지 싶다. 뿌린 대로 거둔다는 진리가 우리 사회구조에서 제대로만 적용된다면 농사짓기도 그리 힘은 일은 아닐 게다.

감나무가 넉넉한 그림자를 드리우는 곳이 바로 우리 텃밭이다. 해제할 무렵 대강 일구어 두었던 땅이다. 그새 풀이 자라고 흙도 많이 거칠어졌다. 맨 아래쪽 밭은 크고 작은 바위들이 많아 그다지 쓸모가 없다. 그래서 삽질을 게을리해 토질이 꽤 거친 편이다. 호박

구덩이만 듬성듬성 파 두었을 뿐이다.

위쪽 밭은 틈틈이 거름으로 다진 땅이라서 그런대로 부드럽다. 땅이 살아 있다는 뜻이다. 가끔 우리 재래식 화장실에서 나오는 분거름을 쳐 주면 땅이 토실토실 살아난다. 세상에 버릴 게 없다. 도시에선 분뇨 처리로 고민이지만 이곳에서는 훌륭한 밑거름으로 알뜰히 쓰고 있다. 분거름의 퀴퀴한 냄새래도 그리 심하지 않아 참을 만하다. 인간 중심의 편리한 문화가 자연을 죽이는 결과를 가져온 것은 재생을 생각하지 않은 데에 그 원인이 있다. 원시의 삶을 한번쯤 생각해 볼 일이다.

처음엔 도반이 혼자서 쉬엄쉬엄 하던 일을 같이 소매를 걷어붙이고 나섰다. 쟁기로 땅을 일구면서 풀을 솎아 내고 큰 돌은 밭둑으로 던져 내었다.

"땅도 애정으로 돌바아 하나 비요. 여기 땅은 숨 쉬고 있는 듯해요. 곡식이 잘 자라겠어요. 흙을 깊이 파야 숨 쉬기가 좋겠지요."

내가 밭두렁 주위를 삽으로 푹푹 파내고 있을 때 도반이 정성스럽게 밭을 손질하며 한 말이다. 신토불이란 말이 틀린 소리가 아닌 것 같다. 우리네 마음이라고 해서 어찌 다르겠는가. 부지런히 갈아 주어야 내면의 뜰이 거칠어짐을 막을 수 있다.

열심히 일하던 농부가 부처님께 물었다. 수행자는 왜 일하지 않느냐고. 그러자 부처님께서 이렇게 대답하셨다.

믿음은 내가 뿌리는 씨앗,

지혜는 내가 밭 가는 모습,

나는 몸에서 입에서 마음에서

나날이 악한 업을 제어하나니,

그것은 내가 밭에서 김매는 것.

내가 모는 소는 정진이니

가고 돌아섬 없고 행하여 슬퍼함 없이

나를 편안한 경지로 나르도다.

나는 이렇게 밭 갈고 이렇게 씨 뿌려

감로의 과일을 거두노라.

잡초가 밭두렁 주위에 무성했다. 낫을 들고 주위를 다듬어 주는 일도 내 몫이다. 밭에는 쇠뜨기풀이 끈질기게 뿌리를 내리고 있었다. 그동안 땅을 묵혀 두었기 때문인지 벌레들이 괭이질할 때마다 꿈틀거리며 사람을 놀라게 하였다.

고랑도 만들어 물이 잘 빠질 수 있게 해 놓고 나니 밭 모양이 웬만큼 갖추어진 듯했다.

"내일 할까요? 오늘 땀에 젖도록 일했으니……."

이렇게 말하면서도 쉽게 일손을 놓지 못한 걸 보면 일하는 맛에 푹 빠져 있었던 모양이다. 둘이서 재미있게 밭일 하는 모습이 좋아 보인 까닭인지 다른 스님네도 거들었다. 한마디로 대중 울력이 되어 버린 셈이다. 어차피 우리 일. 모두들 내친김에 내 일처럼 한 덕분인지 빨리 끝낼 수 있었다.

혼자 할 때보다 둘이 할 때 일이 쉽고, 둘보다는 여럿이 하게 되면 아예 힘들다는 생각이 싹 사라진다.

"평상 다리를 얼른 고쳐야겠는걸."

한여름에 평상을 놓고 감나무 그늘에서 쉴 생각을 벌써 하게 된다. 그때엔 밭에서 따 온 오이로 국수라도 말아 먹으면 아주 별미가 될 것 같다. 그런 생각에 절로 즐겁다.

종일 햇살이 좋아서 그랬는지 스님들이 다들 일을 도왔다. 책상 머리에 오래도록 앉아 있다고 해서 경구가 눈에 확 들어오는 것은 아니다. 잠깐의 육체노동은 오히려 지친 정신을 맑게 트이게 한다.

줄로 잰 듯 고르게 만들어진 밭이랑을 보니 농사철 지낸 농부처럼 뿌듯하다. 이제 비를 기다렸다가 모종을 내어 텃밭으로 옮겨 심는 것이 다음 차례 일이다. 하루 한 가지씩 내 몸을 움직여 무슨 일을 한다는 것이 또 다른 법열처럼 느껴진다.

오랜만에 단비가 내렸다. 그동안 푸석푸석하던 땅을 적실 만큼은 왔다. 아침에 일어나니 대숲이 촉촉이 젖어 있었다. 밤새 내린 비로 수목이 물기를 먹어 생기를 찾은 듯 싱그럽게 느껴졌다. 우리 산방으로 나 있는 작은 숲길에선 나뭇가지에 매달린 빗방울들이 후두둑 지곤 하였다. 그런 탓에 내 어깨에도 얼룩얼룩 물기가 번졌다. 비가 한 번씩 내리고 나면 숲 속 식구들이 제철을 만난 듯 부쩍부쩍 자라는 게 신기하다. 수목의 빛깔도 더 짙어 보이고 숲 그늘도 눈에 띌 만큼 깊어진다.

그동안 애타게 비를 기다렸다. 텃밭 한쪽에 심어 놓은 모종들 때문이다. 계속해서 물을 길어다 뿌려 주면서도 시들지는 않을까 은근히 걱정을 해 왔다. 물을 아무리 많이 주어도 한 차례 시원하게 내리는 빗물보다는 못하다. 빗물은 땅속 깊이 스며들기 때문이다. 뿌리를 깊이 박고 있는 나무일수록 깊은 물이 공급되어야 수액이 마르지 않는다.

비를 기다리는 농부들의 심정을 조금은 알 것 같다. 사람은 이처럼 비슷한 처지에 놓이거나 이해 관계가 있을 때에 비로소 관심을 가지게 되고 또 제 일처럼 걱정도 하게 되는가 보다.

모종 내기는 비 온 다음날이 가장 좋다. 오늘처럼 밤새 비가 온 날이라면 땅이 젖어 있어서 더없이 좋은 기회. 이런 날을 기다리느라고 그동안 모종 옮기는 일을 하루하루 미루어 왔다.

무엇이든 다 때가 있기 마련이다. 그때를 잘 선택해야 불필요한 소모가 적다. 그것은 곧 생활의 경험이나 지혜로써 가능하다. 더군다나 몸을 움직여 하는 일은 지식보다는 체험이 더욱 중요하다.

마른 땅에 모종을 옮겨 심고 물을 주면 될 것 같아도 생각처럼 되지 않는다. 비에 젖은 땅만큼 적응이 빠르지 않기 때문에 신경을 무척 써야 한다. 갑작스러운 변화는 무엇에게나 당황스러운 법이다. 풀 한 포기일지라도 땅의 성질을 익히기까지는 얼마간의 시간이 필요하다.

오늘은 땅이 젖어 쉽게 모종을 낼 수 있었다. 먼저 오이를 옮겨 심었다. 얼마 전에 일구어 둔 텃밭은 오이가 자라기에는 그런대로 땅이 좋은 편이다. 토마토와 수박은 떡잎이 더 자라야 할 것 같아 며칠 더 두기로 하였다. 오이는 이미 떡잎에서 새 잎이 파릇파릇 나고 있었다. 조심스럽게 호미로 몇 포기씩 흙덩이째 차곡차곡 떠내었다. 벌써 오이 냄새가 조금씩 풍기는 것 같았다. 밭이랑을 따라서 드문드문 심었다. 밭의 반 자락은 토마토를 심을 생각으로 남겨 두고, 남은 모종은 아랫절 텃밭에 심는다고 후원 보살님이 가져갔다.

해뜨기 전에 일을 다 마쳤다. 농사일은 아침에 할 게 있고 저녁 무렵에 할 게 따로 있는 법이다.

가뭄이 또 심하다. 수각의 물이 반으로 줄어든 것만 보아도 알 수 있다. 텃밭에 마련한 오이밭과 호박밭에 날마다 물을 주고 있다. 비가 또 한 번 내리면 토마토와 수박 모종을 밭으로 낼 생각으로 기다려 왔는데 이젠 어쩔 수 없다. 언제까지고 비 오는 날만 기다릴 수는 없는 노릇이다. 이러다간 모종도 제대로 내지 못하고 한자리에서 다 죽이게 생겼다.

이슬이 마르기 전에 일을 시작했다. 일단 물을 뿌려 웬만큼 땅을 적신 다음 토마토 모종을 옮겼다. 은근히 마음이 쓰인다. 오후의 따가운 햇살에 잎이 시들지 않을지 모르겠다. 수박은 그동안 묵혀 두던 아래쪽 밭에다 심을 작정으로 구덩이를 여러 군데 파 두어서 거름만 준비하면 되었다. 밭을 손질할 때 베어서 모아 둔 풀더미가 어느새 퇴비가 되었다. 구덩이에 퇴비를 단단히 채우고, 그 위에다 인분을 퍼내어 몇 되씩 부어 주었다. 수박은 밑거름을 많이 해야 된다는 소리를 어디선가 들은 적이 있다. 텃밭에 잘 삭은 인분 냄새가 가득했지만 역겨울 정도는 아니었다. 농사짓는 흉내를 제법 낸 셈이다. 그동안 사서 먹기만 하던 터라 수박 농사가 처음부터 이렇게 손이 많이 가는 일인 줄 몰랐다.

오후엔 오이밭에서 시간을 보냈다. 이제는 제법 자란 오이 줄기가 잘 오를 수 있게 대를 세워 주어야 할 시기. 대나무를 쪼개어 얼기설기 세워 주는 일인데도 시간이 꽤 걸렸다. 거름이 잘된 땅에서는 오이가 쑥쑥 자라고 있었고, 그렇지 못한 곳에서는 확실히 성장이 더디었다. 그런 곳에는 비료를 한 움큼씩 더 뿌려 주고 아궁이에서 내온 재도 조금씩 놓아 주었다. 마음이 든든하다. 작은 작물에도 이렇게 많은 정성과 손길이 필요하다는 것을 하나둘씩 배워 가고 있다.

내가 키운 오이를 처음으로 따서 먹은 날.

비 내린 뒤 부쩍 자라났다. 하루만 지나고 나면 그 크기가 달라지는 것이 여간 기특하지가 않다. 꽃이 피는가 하면 어느새 작은 오이 열매가 맺혀 영글어 간다. 줄기가 내 가슴 높이만큼 뻗쳐 있고, 작은 오이들이 대롱대롱 매달려 있다. 보기만 해도 더없이 좋다.

저녁에 그 가운데서 제대로 익은 오이를 골라 여러 개 따 왔다. 부처님께 공양 올리고 마루에 걸터앉아 와작와작 씹는 맛이 괜찮았다. 무공해 자연 식품이 따로 없다. 심을 때만 해도 확신이 없었는데 이렇게 열매를 따서 먹으니 그 맛이 유별나다.

토종 오이는 가운데 부분이 약간 볼록한 것이 특징이다. 오톨도톨한 오이보다 물기가 많고 부드러운 것 같다. 우리 텃밭에서 나온 첫 번째 수확물이다. 이제부터 날마다 오이밭에서 토실토실한 오이를 골라 찬물에 씻어 먹는 그 재미로 여름 한거를 나 보낼 것 같다.

두견주 담그기

이것저것 울력을 꽤 하다 보니 마음까지 덩달아 바빠진 한나절이 된 듯하다. 삼월삼짇날에다 한식, 청명까지 겹친 보기 드물게 좋은 날이다.

"진달래꽃 따러 갑시다."

삼짇날 다례를 마치고서 우리 산방으로 오르는 길에 누군가 말했다. 비림(碑林) 주위로 여기저기 핀 진달래꽃이 그냥 시드는 게 아까워 두견주를 담그기로 하고 이른 봄부터 기다려 온 터이다.

오후에 풀을 쑤려고 아랫절에서 밀가루를 가지고 왔을 때 몇몇 스님들은 벌써 뒤 숲에 오르고 없었다. 울타리 옆 목련이 다 벌어질 만큼 좋은 날씨. 사실 이렇게 눈부신 날에는 방에 들어앉아 있는 것이 어울리지 않는다. 숲을 누비며 진달래꽃을 따는 일이 아니더라도 무어라도 해야 마음이 놓일 성싶다.

수각에 다들 둘러앉았다. 벌써 찬물에 손을 담그면 시원하게 느껴질 만큼 햇살이 강하다. 웃옷을 훌훌 벗어던지고 일을 시작했다. 나는 무명옷에 풀 먹이는 작업을 했다. 다른 스님이 어제 담가 둔 빨래를 헹굴 동안 한쪽 옆에서는 도반이 걸망 가득 따 가지고 온 진달래꽃을 씻었다. 진달래를 참꽃이라 부르고 철쭉을 개꽃이라 하던가. 그 두견화의 붉은빛이 샘물에 가득 넘치는 듯했다.

처음으로 두견주 담그는 법을 배웠다. 가르쳐 주는 도반의 손놀림이 많이 해 본 솜씨 같다. 항아리를 아주 야무지게 씻는 모습이 퍽이나 정겹다.

"스님은 못하는 게 없네요. 언제 이렇게 배웠어요?"

"출가하던 해에 토굴에서 몇 철 지내면서 익힌 솜씨지요."

그 도반은 음식 맛 내는 솜씨도 뛰어나다. 별 맛이 없을 것 같은 봄나물도 그의 손만 닿으면 금세 싱싱한 맛으로 살아나곤 했다. 그래서 가끔 별찬을 내는 일은 늘 그 도반이 도맡아 하는 형편이다.

항아리에 꽃잎을 차곡차곡 재는 일이 무엇보다 중요하다. 바닥에서부터 한 켜씩 꽃잎을 깔고 그 위에다 설탕을 한 움큼씩 뿌려 가며 알맞게 다져 주는 일이 맛을 좌우하는 비결이란다. 그렇게 해서 항아리를 거의 다 채운 뒤에 팔팔 끓였다가 미지근하게 식힌 맑은 물을 항아리 목 부분에서 찰랑거릴 만큼 부어 주면 약차^{藥茶} 담그는 일은 일단 끝나는 셈이다. 율장에선 꽃으로 만든 술도 피하라고 하였지만, 두견주는 술이라기보다는 차라리 차^茶에 가깝다. 이름은 술이지만 아무도 술로 여기지 않는 감주^{甘酒}처럼.

뭍을 구덩이를 만들고 밀봉하여 땅에 묻어야 할 차례이다. 두견주 항아리를 틈 없이 밀봉하는 일도 눈여겨 단단히 해야 하는 작업이다. 비닐 따위를 여러 겹 씌워 접착테이프로 감아 땅속에서도 이상이 없도록 마무리를 하고 나서, 감나무가 있는 텃밭에 삽질을 시작했다. 몰래 보물을 숨기는 사람들처럼 서두르는 모습이 서로 우스워 일손을 놓고 길게 웃었다. 이제 감꽃이 필 때까지 느긋하게 기다리기만 하면 된다. 그 무렵이면 우리 초참들 공부도 웬만큼 익어 있을 게다.

조금만 부지런하면 두견주 말고도 쉽게 얻을 수 있는 것이 많다. 새로 난 솔잎으로 담그는 송차, 어린 감나무 잎을 말린 감잎차, 매

실차, 그리고 송화 다식…….

　여럿이 같이 하는 일은 혼자 하는 것보다 힘들지도 않고 재미있게 끝낼 수가 있다. 대중이 한마음이 되어 하는 일은 무슨 일이든 허물이 될 게 없다. 모두가 그 일에 순수하게 몰입해서 더더욱 그렇다.

"대중의 이목을 자기의 이목으로 삼으면 모든 사람의 밝은 귀와 눈이 다 내 것이 된다."

　선림보훈禪林寶訓의 가르침이다. 일상생활에서 늘 가슴에 새겨야 할 보장 금언이다. 자기 쪽으로 고정된 시각은 편견과 아집으로 굳어지기가 쉽다. 많은 사람의 눈을 무서워할 줄 모르고 자신의 이해 타산에 따라 굴절되는 그런 이목은 결코 좋은 게 못 된다. 결국 자신의 직관直觀만 흐리게 할 뿐이다. 내 눈과 귀를 대중 쪽으로 열어놓는 것이 자기 사상의 울타리에 갇히지 않는 방법이다.

　햇살이 좋아 풀을 먹여 둔 옷이 적당히 말라 있었다. 바짝 마르기 전에 곱게 접어 밟은 뒤에 다시 널었다. 그러면 나중에 다림질하기가 훨씬 쉬워지기 때문이다. 이런저런 일로 반나절이 후딱 지났다. 한 가지씩 일을 배우는 울력은 단순한 노동으로만 끝나는 게 아니지 싶다. 몸을 쓰는 울력도 훌륭한 공부임에 틀림없다. 비단 울력뿐만이 아니라 내 모든 일상 자체가 곧 수행인 셈이다.

한여름

이번 여름 안거는 연일 불볕더위로 이어지고 있다. 오랜만에 여름다운 여름을 보내는 듯하다. 한낮의 기온이 33도를 웃돌고 있다. 이런 찌는 듯한 더위에는 산중이라고 해서 크게 나을 게 없다. 넉넉한 숲 그늘도 그다지 도움이 되지 않는다. 툇마루에 가만히 앉아 있어도 등줄기에서 땀이 끈적인다. 이런 날은 아랫절에 한번씩 내려갔다 오는 일도 예삿일이 아니다. 그럴 때마다 속옷을 새로 갈아입어야 할 정도이다.

올 여름 안거를 나면서 처음으로 시원한 계곡물에 몸을 담갔다. 물속이 얼음처럼 차가워 얼마 있지 못하고 몸을 말리곤 하였다. 사람들의 눈을 피하느라고 숲속 깊이 들어간 탓이다. 입은 옷을 훌훌 벗고서 물속에 뛰어들자니 어린 시절로 되돌아간 기분이다. 첨벙첨벙 물놀이를 즐긴 일이 좀 우습기도 하다. 이런 맛도 산중에서 사는 재미이다.

여름철에 가장 곤혹스러운 것은 바로 공양 시간이다. 사시巳時의 법 공양. 점심때는 가사까지 걸친 법복 차림으로 공양을 한다. 더운 음식이 나오는 날이면 더욱 곤혹스럽다. 오늘 낮에는 밥을 어떻게 먹었는지 모를 지경이었다. 이마에서 땀방울이 뚝뚝 떨어졌다. 스님네마다 밥 먹는 일보다 땀을 훔치는 일에 더 신경을 쓸 정도였다. 공양을 끝냈을 땐 마치 한증막에서 땀을 뺀 사람처럼 얼굴이 벌겋게 달아 있었다. 흠뻑 젖은 장삼을 벌써 몇 번째 빨았는지 모른다. 이쯤 되면 밥 먹는 일도 귀찮아진다. 정말 한 끼 공양에서까지 수행의 엄격함을 치르고 있는 셈이다.

더운 날이면 내 일상에도 방일의 틈이 생긴다. 마당 한쪽에 일감을 쌓아 놓고 벌써 며칠째 미루고 있다. 당장 필요하지 않은 일에는 이런저런 핑계를 앞세우는 게으름이 습관으로 굳어질까 무섭다. 더위 때문에 크게 움직이는 일이 귀찮아진 것이다. 마음까지 지친 탓일까. 방선패를 내걸고 하루쯤 수행 일과를 쉬고 싶은 생각이 굴뚝같다.

선원에서도 정진을 좀 느슨하게 하자는 얘기가 있었단다. 이런 날은 어느 쪽이건 사정이 같기 마련이다. 말하자면 공부에 완급을 두자는 뜻이다.

선원의 입승 스님은 다른 날과 같이 입선 죽비를 늦추지 않았다. 마음 공부에 덥고 추운 날이 따로 있을 수 없다는 말로 수좌 스님들의 입을 막았다.

공부하기를 너무 조이거나 너무 늦추지 말라고 하지만 제대로 지켜지는 일은 거의 없다. 나부터도 그렇다. 조이기보다는 늘어지는 쪽으로 마음이 기울기 쉽기 때문이다. 그래서 우리 같은 초참은 일관성 있는 공부 분위기를 익혀 나가는 일이 우선이 아닐까 싶다. 그런 까닭에 공부하기에 대중처소보다 좋은 곳은 없다.

"몹시 춥거나 더울 때는 어떻게 해야 그것을 피할 수 있는지요, 스님?"

"더위도 추위도 없는 곳으로 가면 되지 않겠느냐."

"스님, 그러면 더위도 추위도 없는 곳은 어디입니까?"

"더울 때는 그대 자신이 더위와 하나가 되고, 추울 때 또한 그대 자신이 추위와 하나가 되라."

벽암록에 실려 있는 내용이다. 동산 스님은 참으로 명쾌한 가르침을 주셨다. 더위에 끄달리지 않는 방법은 나 자신이 더위와 하나가 되는 방법밖에 별 도리가 없다. 마음에서 일으키는 덥다는 분별이 여름을 더욱 짜증스럽게 만드는 것이다. '여름이 더운 것은 마땅한 이치'라는 마음의 운용이 필요하다. 땀 흘릴 작정으로 팔을 걷어붙이고 나서면 덥다는 느낌이 훨씬 덜하다. 더위와 하나가 되어서이다. 참다운 피서는 더위에 쫓겨다니는 게 아니라 더위를 잊을 때 가능한 일이다.

떡갈나무 숲에서 울어 대는 매미 소리가 싫지 않다. 무엇이든 제 철을 만나야 제 맛이 나는 법이다. 무더위가 없는 여름은 오히려 우리를 맥 빠지게 할 듯하다. 농작물도 무더위 속에서 잘 자라고 병충해도 적게 입는다. 우리 텃밭에선 오이가 주렁주렁 커 가고 호박 줄기도 마냥 뻗어가고 있다. 여름 더위는 또 열매 속을 알차게 영글게 한다. 담장 쪽에 서 있는 석류나무를 보면 쉽게 알 수 있다. 열매 익는 소리가 눈에 보인다. 뒷문을 열 때마다 조금씩 벌어지는 석류를 보는 일은 그래서 즐겁다.

자연의 질서를 보고 있으면 고르지 못한 내 일상이 부끄러워질 때가 많다.

오후 분식

밀가루 음식을 세 번이나 먹은 날. 그래서인지 속이 아주 거북하다. 아무래도 배탈이 날 모양이다. 넘치면 모자란 것보다 못하다는 말이 맞다.

아침 공양은 떡국. 날마다 아침에는 들깨죽, 잣죽, 땅콩죽, 그리고 누룽지죽이 번갈아 가며 공양 방에 오른다. 떡국도 빠지지 않는 메뉴인데 오늘 아침이 그날이다.

점심은 국수 공양. 국수 먹는 날은 꼭 과식하게 된다. 국수를 승소(僧笑)라고 부르는 것만 보아도 스님네가 얼마나 국수를 좋아하는지 알 수 있는 일이다. 이에 대해 영양학을 공부하는 이들은 "스님네들은 쌀을 주식으로 하기 때문에 글루타민 결핍증이 생겨 저절로 국수나 냉면을 좋아하게 되어 있다"고 한다. 어쨌든 국수 싫어하는 도반은 지금껏 보지 못했다.

한 덩이씩 발우에 담아 여러 가지 재료를 넣어 즐기는 국수 맛은 체면도 잊을 만큼 별미이다. 적당할 때 그만두는 절식이 필요한데 막상 맛있는 음식 앞에서는 그것이 말처럼 쉽지가 않다. 속도 불편하고 해서 포행을 나서기로 작정하고 산길을 걸었다. 불일암까지 오를 생각에 밀짚모자를 챙기고 운동화까지 신었다.

오솔길을 쉬엄쉬엄 오르는 시간은 늘 좋다. 목적지를 향해 바쁘게 오르는 것이 아니라 오솔길과 내가 하나로 통하는 그런 순수한 시간이다. 가끔 도반들과 오를 땐 이런저런 이야기로 웃는 일이 많지만 혼자서 걷는 오솔길에서는 애오라지 내 여백과 마주하게 된다.

아주 홀가분한 그런 기분. 경구를 외우기도 하고, 하염없이 노래를 불러 대는 것도 다 오솔길에서만 즐길 수 있는 일이다. 불일암으로 나 있는 작은 오솔길은 참 운치가 있다.

불일암은 오밀조밀하니 잘 꾸며져 있다. 법정 스님의 살뜰한 살림살이를 한눈에 짐작할 수 있다. 작은 남새밭에는 가지가지 채소가 정갈하게 자라고 장작도 차곡차곡 얼마나 잘 쌓여 있는지 모른다. 구석구석 잡초 하나 없다.

여름철엔 하루라도 손을 움직이지 않으면 금세 풀이 돋아나기 마련인데 도량이 빗자루로 쓸어 놓은 듯 늘 깔끔하다. 후박나무 그늘이 좋은 곳. 요사채 뒤쪽으로 딸밑이꽃이 한창이다.

불일암을 제대로 알려면 한쪽에 있는 부엌과 뒷간을 볼 일이다. 세 평 남짓한 후원엔 조그만 식탁이 무척 정겹게 놓여 있다. 네 사람이 무릎을 맞대고 앉을 만한 크기인데 스님은 여기에 '빼빼용식탁'이라는 재미있는 이름을 붙여 놓았다. 아기자기한 살림살이가 꼭 아이들 소꿉놀이 같다.

그리고 화장실이 너무 깨끗해서 처음 오는 사람은 놀랄 정도이다. 어쩌다 꽃 한 송이라도 화병에 꽂혀 있으면 일 보기가 좀 미안하다. 재래식 화장실을 이렇듯 수세식 이상으로 깔끔하게 관리하는 일은 참으로 어렵다. 너무 깨끗해서 더럽히기가 아까울 정도이다. 일을 끝내고 옆에 모아둔 낙엽더미를 한 움큼씩 넣어 주는 마무리를 잊어서는 안 된다. 불일암 부엌과 뒷간을 보면 음식문화는 곧 배설문화로 통한다는 말이 실감난다.

    곧바로 큰절로 내려오려던 참이었는데 시자 덕문 스님과 이야기가 길어진 탓에 공양 시간을 놓친 게 탈이었다. 저녁으로 국수를 먹고 가라는 얘기다. 불일암 국수는 산중에서 맛있기로 소문난 터이니 구미가 당기지 않을 수 없었다. 이래저래 세 번째 먹는 가루 음식이다. 국수를 우물가에서 씻을 동안 애호박을 썰어서 기름에 볶고, 오이도 듬성듬성 썰었다. 비빔국수가 물국수보다는 간편하다. 물국수는 다시마나 버섯으로 국물을 우려내어야 해서 손질이 많고 시간이 오래 걸린다. 작은 찬장에서 여러 가지 양념이 나온다. 깨소금을 뿌리고, 참기름을 곁들이고, 또 잘게 부순 김을 위에 얹는 것도 맛을 내는 비결이다. 그리고 마지막으로 볶아 둔 호박을 떠 놓으면 준비가 완료된다. 거기에 기호에 따라 고추장을 반 숟갈쯤 넣고 비비면 불일암 전통의 국수 맛을 느낄 수가 있다. 암자 국수는 처음 맛보는 것이라서 배가 고팠더라면 몇 그릇은 거뜬히 비웠을 것이다.

    창공은 비어 있어 좋아라.
    백운은 착이 없어 좋아라.
    청산은 말이 없어 좋아라.

빈 마음이 참마음이요,

착 없는 마음이 참마음이요,

말 없는 마음이 참마음이라네.

불일암 부엌에 걸린 글이다. 식탐이 큰 것도 참마음이 아니다. 오후에는 국수를 많이 먹기 때문에 오후불식午後不食이 아닌, 오후분식午後粉食이라는 말이 다 생겼다. 그러나 밀가루 음식은 좋아하는 별미이긴 해도 하루에 한 끼 이상 먹으면 물린다. 오늘 너무 많이 먹은 탓에 당분간은 생각이 나지 않을 것 같다. 밥 생각이 절로 난다. 아무리 먹어도 물리지 않는 쌀이 역시 으뜸이다.

삽발하는 날

제3장
치문리 일기

삭발하는 날

아직 어둠이 어슴푸레 남아 있는 이른 아침부터 수각 주위는 삭발 준비로 부산하다. 손에 잡히는 것 없이 그저 까칠까칠하기만 한 머리를 잘도 깎아 내리는 것을 보면, 입산하면서부터 줄곧 해 오던 손놀림이라 그런 모양이다. 삭발하는 동안에 막 출가하여 긴 머리카락을 툭툭 잘라 내던 시절을 되돌아보며 아련한 기분에 피식 웃는 스님네도 있겠고, 대야 물에 비친 자신의 모습에 보름 동안의 수행을 읽는 도반도 있으리라.

삭발을 할 때에 솜씨가 좋다는 말을 들으려면 머리카락을 얼굴에 묻히지 않아야 한다. 그리고 머리카락이 억센 스님도 있고 부드러운 스님도 있는데, 이렇게 저마다 다른 모발의 성질에 따라 칼의 높이를 잘 조절할 줄 알아야 풋내기 행중이란 소리를 듣지 않는다.

어릴 적 밤송이처럼 자란 머리를 빡빡 깎으면 허옇게 비듬이 드러나 부끄럽던 그때처럼, 나태와 방일의 흔적이 머리에 드러날 때면 귓불이 뜨거워 온다. 수행자에게 머리는 자기 수행의 거울이니, 머리를 통해 심전$_{心田}$을 일구는 모습도 조금쯤은 엿볼 수 있기 때문이다.

날마다 매만져야 하는 부지런함이 따라 주어야 하고 또 유행과 계절의 변화에 따라 가끔씩 바꾸어 주면서 신경을 쓰는 것이 머리 모양이다. 세상살이 힘들 때마다 머리나 깎아야겠다는 말을 입버릇처럼 곧잘 하지만 대부분 삶의 넋두리로 그치고 마는 것은 머리처럼 송송한 세상의 인연에 얽혀 있기 때문이다.

부처님이 왕궁을 나와 처음으로 하신 일이 정성스레 가꾸어 오던 머리를 자르는 일이었다. 그래서 불문에 귀의하는 첫 번째 의식은 삭발에서부터 시작된다. 삭발은 먼저 세연을 거두는 작업이고 번뇌와 집착을 뿌리로 하여 지라난 거친 무명초^{無明草}를 잘라 내는 법도이다. 지금껏 길들여진 세속의 습관을 버리고 출가의 삶을 시작하는 발심의 장이다.

끊임없이 피어나는 망상은 마음의 잡초. 때도 없이 불쑥불쑥 고개를 내민다. 날마다 조금씩 자라나는 머리카락처럼, 어느새 마음을 까맣게 차지하고 만다.

스즈끼 선사의 선심초심^{禪心初心}에 이런 말이 있다. "마음에 지닌 잡초에 오히려 감사해야 한다. 그것이 궁극적으로 여러분의 수행을 풍성하게 해 줄 것이기 때문이다." 번뇌와 장애가 많을수록 공부가 잘된다는 뜻이다. 역설적이지만 옳은 말이다. 중국의 진정^{眞淨} 극문^{克文} 스님은 머리를 깎는 날 아침이면 이런 시를 읊었다고 한다.

머리를 깎다 칼에 흰머리 가득 묻어 나옴에 깜짝 놀라고 보니
참으로 세월이 많지 않음을 비로소 알겠네
나고 죽는 일에 걸림이 없으면 부처를 이루어야 하니
다른 날로 미루지 말고 부지런히 공부할 터이다.

削髮因驚雪滿刀 삭발인경설만도
方知世月不相饒 방지세월불상요

逃生脫死勤成佛 도생탈사근성불

莫待明朝與後期 막대명조여후기

무상한 세월 앞에서는 젊음도 여지없이 무너져 간다는 사실을 삭발하는 날에 한번쯤 아찔하게 느낄 수 있어야 한다. 그래서 방종과 안일에서 벗어나 늘 깨어 있도록 칼날을 더욱 예리하게 세울 일이다.

종종 삭발한 머리에서 내 수행을 본다. 그래서 출가 본분사를 잊고 지낼 때면 소리 없이 자괴심이 일기도 한다. 수행자로서 머리를 깎는 일은 자신을 바로 챙기는 일이다. 그러므로 수행자의 머리가 까맣게 자라 있다는 건 그리 마음 개운한 일이 아니다.

내게 삭발은 놓을 수 없는 수행의 한 부분이며 늘 챙겨야 하는 화두 같은 것이다. 얼렁뚱땅 살고 싶을 때마다 한번씩 머리를 만지면서 다짐하고 나를 일깨운다.

"그렇지, 나는 욕락을 버리고 출가한 사문이야."

울력하는 날

간밤엔 기왓골을 타고 떨어지는 빗소리에 놀라 잠이 깨곤 했는데, 어느새 비가 그쳤다. 모처럼만의 햇살이다. 며칠 계속된 비도 후줄근하던 수목이며 무거운 습기 가득하던 숲이 오래간만에 생기를 되찾아 살아나고 있다.

산중에 내리는 청일晴日, 눅눅하던 기분을 금세 환하게 밝혀 주고 저조하던 몸을 가뿐하게 해 준다. 그래서인지 지대방에 모인 도반들의 정담도 시들시들하던 우일雨日 때와는 달리 힘이 있어 보인다. 산중이라서 날씨에 더욱 민감하게 반응하는 모양이다.

어느 시인이 말했다. 세상에 모를 일이 고양이 눈동자와 여인의 마음, 그리고 오뉴월 구름빛이라고. 정말 장마철 날씨는 짐작하기가 어렵다. 무슨 일이든 후딱 해치워야 한다.

그래서 오늘은 먼저 뒤뜰을 가로질러 기다랗게 빨랫줄을 치고 그동안 벗어 둔 옷가지를 말끔히 빨아 널었다. 지난해이던가. 비에 젖은 무명옷을 며칠 놓아두었더니 곰팡이가 허옇게 핀 적이 있었다. 그 뒤로는 빨랫감을 미뤄 두면 마음 한구석이 늘 찜찜하고 여간 신경이 쓰이지 않는다. 이런 날 빨랫감을 훌훌 털어 줄에 널고 나면 속이 후련해진다. 오늘은 웬일인지 빨래하는 일이 힘들지 않고 그저 즐겁기만 했다. 아마도 모처럼 맑은 날씨의 일상으로 돌아와서일 게다.

한 차례 장마가 지나고 나면 손댈 일이 한두 가지가 아니다. 가장 먼저 눈에 거슬리는 것이 그새 불쑥 자라 버린 잡초들이다. 잡초는 자생력이 강해 어디든 뿌리를 내린다. 관음전 지붕에 듬성듬성

솟은 잡초를 뽑으려고 스님들이 사다리를 타고 올랐다. 그리고 몇 송이 안 남았던 장미는 이번 비에 다 떨어지고, 잎이 부러지거나 상하지 않을까 걱정되던 파초가 뜻밖에 윤기 나게 자라고 있었다. 장미는 빼어나게 아름답긴 하지만, 눈부신 아름다움은 이렇게 고난을 이겨 내지 못하고 쉽게 망가지고 마는가 보다.

스님들만 바쁜 게 아니다. 후원채에선 이불을 꺼내어 담장에 걸쳐 널고 인부들은 모기가 번식하는 것을 막으려고 웅덩이를 없애거나 파헤친다. 변소에 악취를 없애고 벌레를 줄이기 위해 짚을 거푸 넣어 주는 작업도 오늘 같은 날 하는 것이 안성맞춤이다.

해인사 변소는 밑이 아득하게 깊기로 소문나 있어 가끔 관광객들이 코를 막고 들여다보기도 한다. 그러나 지금은 그 뒤쪽에 새 화장실을 지었다. 아직은 오래된 건물에 대한 향수 때문인지 옛 화장실을 더 자주 가게 되고 그곳에 대한 정도 더 크다.

대중이 모두 움직이는 울력 날, 으레 차담茶談이 나오기 마련이다. 다각茶角 소임을 보는 스님이 오래간만에 국수를 준비하였다. 허겁지겁 두 그릇을 비웠더니 배가 불러 오히려 일하기가 불편하다. 아직도 음식을 배부르게 먹어야 일어나는 습관이 있다. 미련한 짓이다.

국수에 얽힌 일화 한 토막.

'이 뭣고' 스님으로 잘 알려진 효봉 스님과 '금강산 도인'으로 유명한 석두 스님이 어느 날 마주앉아 국수 공양을 하던 중에 효봉 스님이 스승인 석두 스님께 넌지시 물었단다.

"스님, 국수 드실 때도 화두가 되십니까?"

"이놈아, 옆에 있는 사람도 안 보이는데 화두가 다 무엇이냐?"

워낙 맛이 좋아서 화두까지 잊어버리게 하는 음식. 그래서 승소僧笑라 했는가. 어쨌거나 국수는 여름날 자칫 잃기 쉬운 입맛을 돋우어 주는, 누구나 다 좋아하는 간편한 음식이다.

내일부터 또 빗줄기가 내린다는 소식이다. 그래도 지루한 장마 사이에 나타난 하루 햇살에 내 뜰은 모처럼 생기를 얻었다.

결제날 아침

결제날 아침에 얼음이 얼었다. 이상하게도 겨울 안거가 시작되는 날은 늘 춥다. '추위가 뼛속까지 사무치는 동안거'라는 얘기가 그냥 나온 말이 아니다. 그만큼 폭설과 한파가 겨울 내내 동반된다는 뜻이다.

이제 수각에 손을 담그기에는 물이 너무 차갑다. 비로소 겨울 안거 기분이 피부로 느껴진다. 신발까지 털신으로 바꿔 신으니 더욱 그렇다.

또 안거 한 철을 산중에서 나게 되었다. 역시 천연 수림이 자라는 산중은 수행자의 영원한 적정처이다. 지난 해제철엔 다른 때보다 행각을 많이 돌았다. 행장을 풀 곳이 마땅히 없을 땐 우리 산중의 풋풋한 소식이 그리워지곤 했다. 정말이지 내가 사는 숲으로 돌아오면 숨통이 확 트이는 듯하다. 혼탁해진 의식이 새롭게 열리고 시들하던 마음도 금세 환해져 온다.

산중은 수행자로 말미암아 새롭게 깨어나고 수행자는 산중이 있어 더욱 빛을 발한다. 언제든지 산중으로 돌아와 출가 본분사를 점검할 수 있는 것이 우리 수행자에게 더없는 정복淨福임은 새삼 말할 나위가 없다.

시끄러운 가운데 힘을 얻지 못하면
도리어 고요한 가운데서
공부 짓지 않음과 마찬가지이다.

대혜 종고 선사의 서장書狀 속에서 만난 글이다. 정처靜處와 요처 鬧處에 끄달리지 않고 여여如如하게 화두를 들 수 있어야 잘 익은 공부라는 말씀이다. 그게 어디 쉬운 일인가. 법랍이 쌓인 구참들도 요처에서 하는 역경逆境 공부는 성글기 마련이라는데 우리 같은 풋내기 수행자는 엄두도 못 낼 일이다.

아무래도 산중의 한처閑處가 힘을 얻기에는 좋다. 경을 보는 일도 마찬가지이다. 고요한 새벽에 소리 내어 독송하면 그 뜻이 확연히 다가오고 창음唱音도 훨씬 맑아진다. 아직은 순경順境에서 공부하는 게 나을 것 같다. 결제 법문을 들으면서, 해제철에 느슨하게 놓았던 살림살이를 알뜰히 챙겨 보리라 마음먹었다.

궁현당 넓은 큰방이 비좁을 만큼 대중이 모였다. 아랫절 비구니 스님네도 큰절에서 법문을 듣는다. 이렇게 눈빛이 형형한 스님네를 보면 절로 신심이 나고 절로 공부하고 싶은 마음이 생긴다. 낯선 스님네가 산중에 모이기 때문에 철마다 공부 분위기가 달라진다. 그래서 결제날은 기분이 늘 새롭다.

얼굴이 낯선 스님이 많이 보인다. 이번에 행자 교육을 끝내고 사미가 된 신참 후배들인데 막 수계한 햇중 티가 그대로 드러나는 스님들이다.

걷어붙인 팔뚝에 연비 자국이 선명하게 남아 있는 것을 아까 세면장에서 보았다. 군졸처럼 몸도 무척 긴장해 있다. 수행자의 위의가 자연스럽게 몸에 밸 때까지 몇 번의 습의習儀를 거쳐야 할 것이다.

이제 그들은 대중 생활을 하면서 인욕과 하심을 차츰 배우게 될 것이고, 그리고 대중살이가 중노릇에 얼마나 중요한지를 하나둘씩 체험하게 되리라. 보통 대중처소에서 괴각질만 하지 않으면 크게 미움 받을 일이 없다. 대중의 공부를 방해하고 엉뚱한 짓을 하는 괴각은 오래 살지 못한다. 금세 대중의 눈 밖에 나서 공사公事를 당하기도 한다. 그래서 일생괴각처중무익一生乖角處衆無益이라 했다.

그래도 용과 뱀이 섞여 산다는 절 집안이다. 감화를 주는 좋은 스승이 많다. 수행 잘하는 이가 몇 명만 있어도 한철 공부는 거저 하는 셈이다. 그들이 정진 분위기를 잘 이끌어 가기 때문이다. 도반을 잘 만나야 공부에 힘이 덜 든다. 사실 좋은 도반을 만나는 일만큼 귀한 인연이 또 있을까. 두고두고 보이지 않는 힘이 곧 반연이 아닐까 싶다.

결제날 절친한 도반이 보이지 않으니 여간 서운하지 않다. 이런 날 도반의 자리는 더욱 커진다. 저마다 다른 처소에서 한 철을 보내는 우리 도반들. 그동안 경학의 이력을 마치고 저마다 운수객이 되었다. 같이 얼굴을 맞대고 살 적에는 때로는 귀찮게 여겨지던 도반들이 새삼 그립다. 우리가 살던 적묵당 큰방을 지날 때면 갑론을박하던 도반들의 목소리가 지금도 들리는 듯하다. 떨어진 장미꽃 한 잎을 내 책갈피에 넣어 주며 젊은 수행자의 눈물이라고 읊조리던 도반의 그 낭만과 여유를 이제 어느 회상에서 재회할 수 있을는지, 벌써부터 아련해진다.

강원 도반은 평생의 반려라고들 말한다. 선방은 한 철이지만 강원은 몇 해 동안 한솥밥을 먹고 살기 때문에 정이 더 짙다. 더구나 한창 중노릇을 익히던 시절의 인연이라서 더 절절이 그리운지도 모르겠다. 석 달 한 철을 착실히 보내고 나서 더 맑아져 있을 도반의 눈빛이 보고 싶다.

이번 철은 다른 때보다 더 잘 지내야지 하는 생각이 굴뚝같다. 번번이 결심을 하곤 한다. 다 같은 날이지만 결제 땐 마음이 영 달라진다. 해제와 결제를 가리지 말고 정진하라지만 그래도 공부의 대부분은 결제철 몫이다.

그동안 밖으로만 치닫던 눈을 안으로 돌리는 시간. 겨울 안거는 그래서 좋다.

눈 오는 날

 겨울 산중은 뭐니 뭐니 해도 눈이 수북이 쌓여 있어야 제멋이 난다. 가을엔 발밑으로 후두둑 떨어지는 도토리에서 계절의 깊이를 알 수 있듯이 겨울엔 눈이 산중을 하얗게 덮어야 비로소 동안거도 제 분위기가 잡힌다.

 산중에 첫눈이 내렸다. 새벽에 일어났을 때 산창에 눈빛이 가득했다. 문을 여니 밖은 온통 눈송이가 만든 화장세계華藏世界다. 밤새 눈이 제법 쌓인 것이다. 댓돌에 벗어 놓은 신발에도 눈이 소복소복 내렸다. 나가 보니 발목이 푹푹 빠졌다. 새벽 예불을 끝냈을 땐 눈발이 많이 가늘어져 있었다.

 "눈 치우는 울력을 해야겠어요."

 먼저, 다니는 데에 지장이 없게 길을 냈다. 커다란 눈가래로 눈을 밀어내고 뒤이어 싸리비로 쓸어 내면 금세 길이 생긴다.

 "눈 치우는 울력은 다른 일보다 힘들지가 않아요."

 한 도반이 입김을 후후 내뿜으며 말했다. 아마 마음이 눈송이처럼 맑고 순수해졌기 때문일 것이다. 법당 앞 장명등이 뜰을 은은하게 밝혀 주어 일하기가 더 좋았다.

 눈에 대한 감정이나 추억은 대개 좋은 기억들이다. 어린 시절의 동심과 맞닿아 있기 때문일까. 어쨌든 눈 오는 날에 기분이 시들해지는 사람은 드물다. 그런 감정은 먹물 옷을 입었다 해서 별다를 게 없다. 그저 눈이 내린다는 것 그 자체가 마냥 좋은 게다.

 눈이 있는 풍경 때문인지 산중락山中樂은 겨울에 더

깊어진다. 장작 한 더미로 군불을 지피고 나서 간경이나 좌선을 하노라면 공부가 절로 된다. 그래서 겨울 안거는 무사無事를 배우는 기간이 아닐까 싶다. 일을 쉬는 것이 아니라 마음을 돌이키는 일을 한다는 뜻이다.

성성적적惺惺寂寂한 본래의 마음을 찾는 일은 그 마음을 어지럽히는 분주한 거짓 마음을 쉬어야 가능하다. 게다가 쌓인 눈을 이기지 못해 나뭇가지 부러지는 소리를 들으며 정진하는 산중 공부라면 더 말할 게 없겠다.

눈 내리는 날 산행을 했다. 아무도 걷지 않은 길을 걷고 싶은 갑작스러운 욕심에. 뽀득뽀득 밟히는 눈 소리가 발걸음을 가볍게 했다. 걸어온 길 따라 눈 위에 난 발자국은 내 수행의 족적. 그러나 앞으로 내가 남겨야 할 발자국이 더 많다.

눈길을 걸을 때
함부로 밟아서는 안 된다
내가 걷는 이 발자국
뒷사람의 길잡이 되는 까닭에.

서산 대사의 글이다. 이 글을 마음에 새기며 오른 덕분인지 평소에는 힘들게 느껴지던 산길을 쉽게 올랐다. 쉬엄쉬엄 마애불까지 오르는 동안 여기저기서 드러나는 순백의 설경에 말을 잊었다.

소나무 가지에 쌓인 눈이 와르르 쏟아지는 소리에 몇 번이나 놀랐는지 모른다. 숲은 겨울을 지내고 나면 여기저기 상처투성이다. 눈에 넘어진 설해목雪害木 때문이다. 뿌리째로 뽑혀 쓰러져 있는 나무를 볼 때마다 새삼 눈의 무게에 놀라곤 한다.

우리가 살고 있는 선방채 이름이 '눈이 쌓인다'는 뜻의 퇴설당堆雪堂이다. 밖에 눈이 쌓이는 것도 모른 채 선정 삼매에 빠져 있는 모습은 상상만 해도 거룩하고 환희심 나는 일이다. '퇴설'이라는 말은 그 옛날 혜가 스님이 달마 스님을 찾아가 눈이 무릎까지 쌓여도 물러나지 않고 법을 구했듯이 불퇴전의 각오로 정진하라는 가르침에서 유래한다.

눈 내린 날 저녁. 밖에는 편설片雪이 분분한데 퇴설당 선실은 묵언패를 걸고 정진 중이다. 설경보다 더 고요한 겨울 풍경이다.

도반이 입원하고 있는 병원에 다녀왔다. 벌써 두 달째 병상을 지키고 있는 도반의 병명은 궤양성 대장염. 잘 알려지지 않은 좀 희귀한 병이다. 대장이 헐어 파열되었다고 한다. 도반은 한 차례 힘겨운 수술을 끝냈다. 영양제 주사에만 의지할 뿐 물 한 모금도 마시지 못한다. 도반의 인내력이 이젠 고통으로 이어지고 있었다. 앙상해진 그의 다리를 주무르며 이런 말을 했다.

"전처럼 운동장을 뛰어다니며 공차기를 힘차게 할 수 있을지 모르겠네요."

운동하는 날이면 축구공을 힘차게 내지르곤 하던 도반의 그 튼튼하던 근육이 병마에 자꾸만 허물어지는 게 안타깝다. 우리의 육체는 정말 보잘것없는 존재. 이렇듯 한순간에 무너지고 마는 것인가.

지금 도반의 몸무게는 삼십육 킬로그램. 눈빛만 형형하게 살아 있다. 병마가 도반의 육체를 앞으로 얼마나 더 앙상하게 만들지 걱정이다.

"간병이 제일 공덕."

경전에선 이처럼 간호의 공덕을 수승한 작복(作福)이라고 말한다. 아닌 게 아니라 간병의 공덕이 수승함을 도반을 통해 절실히 체험하고 있는 셈이다.

사분율(四分律)에서는 병을 간호하는 이가 지켜야 할 다섯 가지 자세를 말하고 있다. 첫째는 먹어도 좋은 음식과 먹어서는 안 될 음식을 살펴 주는 일이고, 둘째는 병자의 대소변과 침이나 오물을 싫어하지 않는 것이고, 셋째는 가엾게 여겨 의식을 요구하지 않는 일이다. 탕약을 잘 다스리는 일이 네 번째에 들고, 병자를 위해 설법함으로써 기쁘게 해 주는 일이 다섯 번째이다.

짜증을 내거나 싫어하는 생각 없이 병간호를 한다는 게 이래서 힘들다. 신심과 원력으로 도반의 간병을 자원하고 나섰던 스님들이 하나둘씩 지쳐 가는 것이 눈에 보인다. 나도 이제는 병원을 찾는 발걸음이 그리 가볍지만은 않다.

수행자는 몸이 아플 때 속가(俗家) 사람보다 쉽게 심약해지는 듯하다. 평소에 용맹정진하던 수행자의 호기는 간데없다. 아마도 철저히 혼자라는 느낌이 절실해지면 인간적인 정에 안주하고 싶어지는지도 모른다. 그래서 몸살이라도 나서 간병실에 누워 있을라 치면 괜히 서글퍼지는 심사가 된다. 어쩌다 창호에 하얀 달빛이라도 걸려 있으면 그냥 어린애처럼 엉엉 울고 싶다. 병상은 비로소 내 고독의 그림자와 마주하는 자리인 것이다.

짧은 병치레에도 우리를 그렇듯 감상에 빠뜨리곤 하는데, 비교도 안 되게 힘겨운 나날을 보내고 있는 도반은 오죽할까. 오히려 수행자라는 신분이 도반을 더 어렵게 만드는지도 모른다. 옛날 큰 스님들은 아플 땐 걸림 없이 고함을 내질렀다는데.

어려운 때일수록 도반의 자리는 확연히 드러나는 법. 이럴 때 그의 손발이 되지 못하는 내 얄팍한 도반애가 부끄러워진다. 공부한다는 핑계로 그의 간병을 간병인에게 맡겨 버린 우리, 참된 도반이라 할 수 있을까.

"다리라도 좀 잡아 주었으면 좋았을 걸." 이렇게 말하며 피식 웃는 도반. 상처 부위의 치료를 끝낸 도반의 이마에 땀방울이 송골송골 맺혀 있었다. 치료하는 동안 밖에서 기다리다 돌아온 내 손을 잡은 그의 손길이 가슴까지 진해져 왔다. 상처를 소독할 때 고통이 심하여 자신도 모르게 다리가 움찔한다는 사실을 뒤늦게 알았다.

도반은 여름 한 철 동안 선방 대신 병실에서 힘겨운 안거를 지내고 있는 셈이다. '육체는 한낱 자루주머니'라 한 조사 스님의 말씀이 생각난다. 육체에 대해 지나치게 집착함을 경계한 말이지만, 병든 도반을 통해 오히려 내 육신에 더욱 깊은 애착심이 생겼다. 더 이상 병마가 도반의 육체를 갉아먹지 않기를 바란다.

••• 뒷 이야기

그 뒤에 도반은 수술을 세 차례 마치고 밝은 모습으로 퇴원하였다. 우리가 강당을 졸업하던 날에도 도반은 병원에 있어 모두 서운해하였지만, 지난번 동문 모임 때 그의 건강한 모습을 다시 볼 수 있었다. 운동장에서 선배 스님들과 축구 경기를 하였는데, 그날 도반도 함께 뛰었다. 예전 같지는 않았지만 수행에는 큰 지장이 없을 것 같아서 적이 안심하였다.

일병식재一病息災라는 말이 있다. 병을 한번 앓음으로써 다가올 재앙을 막는다는 뜻이다. 병으로 좋은 약을 삼으라는 부처님의 말씀과 통한다.

완쾌하였다고는 하지만 도반은 옛날 같지는 않은 게 분명했다. 우리가 우스갯소리로 "복원 불사가 잘되었네요"라고 하자, "곧 단청 불사도 해야겠어요" 하며 오히려 우리를 웃긴다. 지리산 암자에서 정진하고 있는 그 도반이 보고 싶다.

단오 하루 앞날 저녁에 쑥떡이 나왔다. 바짝 주의하여 간경을 몇 번 하고 나면 어느새 출출해진다. 그래서 어둠이 설핏설핏 내릴 즈음 마련한 차담茶談은 별미가 아닐 수 없다. 다들 좋아하는 수박이라도 한 통 쪼개어 놓으면 금세 동이 나고 만다.

"이번 공양은 어디서 나왔습니까?"

"아랫절 비구니 스님들이 손수 만들었답니다."

다각 스님이 큰 소리로 알려 주었다. 다각은 과일이나 차를 내놓는 일을 도맡아 하는 아래 소임이다. 안거 철엔 이러한 대중공양이 많아서 다각 스님들이 고생을 많이 한다. 올 들어 처음 먹는 쑥떡.

"비구니 스님들이 만든 떡이라 그런지 아주 맛있네요."

산중에 산다는 게 이래서 좋다. 무엇이든 나누어 먹는다. 비구니 스님들이 정진 시간을 쪼개어 단오떡 빚기 울력을 한 모양이다. 원반형으로 곱게 빚은 쑥떡에서 비구니 스님들의 정성이 진하게 묻어 나온다. 삼륜청정三輪淸淨이란 표현이 더 어울릴는지 모르겠다. 주고받는 이가 즐겁고 음식 또한 돋보이니 더욱 맛있다.

지난해이던가, 백련암 큰스님께서 법문하는 자리에서 간식 문제에 대해 일러 주신 적이 있다.

"요새는 선방이고 강원이고 묵느라고 공부를 못해. 하루 세 끼도 많은데 간식까지 한다고 야단이니 정말 큰일이야."

큰스님께서 늘 강조하시는 수행오칙이 있다.

세 시간 넘게 자지 말 것. 그래서 해인사 선원은 네 시간 잔다. 큰

쑥떡 공양

스님께서 한 시간 양보하신 게다.

묵언할 것.

책 보지 말 것. 쓸데없이 눈을 팔아 망상을 피우지 말라는 말씀이다.

간식하지 말 것.

돌아다니지 말 것.

이 다섯 가지를 모두 지키기란 참 힘들다. 한 가지도 잘 지키지 못하고 있으니 부끄럽기 짝이 없다.

"업장을 녹이는 데는 잠이 우선이고, 도심道心을 키우는 지름길은 식욕이 제일."

신참 때부터 심심찮게 들어 온 지대방 우스갯소리이다. 그러나 이 말에는 스스로 경계하는 뜻이 담겨 있다. 자칫 떨어지기 쉬운 두 가지 마장魔障을 무엇보다도 조심하고 살피라는 말을 역설의 해학으로 풀이한 선배 스님들의 지혜가 엿보인다.

대체로 비구니 스님네 처소보다 비구 스님네가 더 풍족하다. 그런 처지에서 비구니 스님들이 손수 만들어 보내온 떡인지라 더욱 고맙다. 어렵게 살림하는 비구니 스님들을 생각하니 슬며시 자괴심이 일어 이런 말을 했다.

"기한飢寒에 도심道心을 낸다고 했는데, 이렇게 잘 먹고서 어디 비구니 스님 공부를 따라갈는지 모르겠네요."

사실 너무 많이 먹는다는 생각이 들었다. 몸무게가 자꾸 늘어 간다는 것은 수행자로서 부끄러운 일이다. 식욕 조절만 잘하면 공부의 반은 성취한다는 옛 스님의 말씀도 있지 않은가.

일미칠근一米七斤. 내 수행에 대한 아무런 점검도 없이 공양물을 받는 일이 이제는 몸에 익어 버린 것 같다. 내 수행의 일과가 일곱 근이나 된다는 쌀 한 톨의 무게를 감당할 수 있을지 걱정이다.

이 공양이 오기까지 그 공을 헤아리니
내 덕행으로 받기가 부끄럽네.
탐진치를 끊고 마음을 잘 다스려
오직 수행을 위한 약으로 알고
도업을 이루고자 이 공양을 받음이라.

공양 때마다 이렇게 오관게를 떠올리지만 입으로만 욀 뿐이다. 차츰 타성에 젖어 가는 내 모습을 볼 수 있다. 초발심의 그때를 한 번 떠올려 본다. 내 덕행으로 과연 얼마만큼의 공양물을 받을 수 있을까 생각하니 모골이 송연해진다. 이렇듯 중노릇은 법랍을 채우는 무게만큼 시은의 그림자가 뒤따른다.

간식의 해악론도 나왔다. 밤에 먹는 음식은 독약과 같다며 입맛을 떨어뜨린 도반은 이렇게 말했다.

"해가 진 뒤에 음식을 먹으면 먼저 위에 부담을 주어 몸이 망가지기 쉽고, 소화가 잘 되지 않아 방귀가 독하고, 혈액순환이 원활하지 못하지요. 무엇보다도 정신이 맑지 못해 공부의 능률이 떨어져요."

"그러니까 몸을 돕는 일이 아니라 오히려 망치는 일이네요."

"그렇죠. 학은 위를 늘 비우기 때문에 천 년 수명을 누리고, 돼지는 위가 늘 꽉 차 있어 십 년을 간신히 넘긴다고 하잖아요."

음식이 얼마나 독한지는 단식을 해 본 사람이면 누구나 알 수 있다. 단식을 하면 머리가 맑아지고 몸과 마음이 그렇게 개운할 수가 없다. 그래서 도인이 다 된 기분이 든다. 음식을 배불리 먹으면 흐리멍덩해지면서 판단력이 떨어지고 포만감과 함께 기운이 빠진다. 노스님들은 아침은 든든하게, 저녁은 가볍게 먹으라고 경고한다. 아침을 든든하게 먹는 이는 지혜롭고 저녁을 많이 먹는 이는 어리석다고 한다.

"위의 삼 분의 일은 음식으로 채우고 또 삼 분의 일은 숨쉬기 위해 비워 두라. 그리고 나머지 삼 분의 일은 명상으로 채워라."

간디의 말이다.

배가 고픈 듯해야 창음(唱音)도 맑아지고 경문의 뜻도 확연히 다가오는 게 사실이다. 먹는 양을 줄이는 일은 잠을 줄이는 일보다 더 힘들다.

삭발하는 아침

오늘은 이번에 처음 안거를 시작한 낯선 스님께 삭발을 부탁했다. 낯은 설지만 어쩐지 유난히 정이 가는 스님이었다. 그래서 얼굴도 익힐 겸해서 도반 대신 그와 함께 머리를 깎기로 어제부터 마음먹었다. 올해 입문한 그는 대중 생활이 우리 살림살이에서 얼마나 의미 있는지를 차츰 깨닫게 될 것이고 하심의 중요성을 또 한번 경험하게 되리라.

내가 더운 물에다 머리를 여러 번 적시고 비누칠을 할 동안 그 스님은 자칫 잘못하여 살이 크게 베이는 일이 없도록 양쪽 귀퉁이를 잘라낸 면도기에 새 날을 넣었다.

"준비 다 됐습니다."

"그럼 삭발하겠습니다."

그 스님이 대답하며 합장을 했다.

"잘 깎아 주십시오."

"저는 삭발하는 일이 아직 서툽니다."

그때 옆에서 삭발하고 있던 한 도반이 우리의 대화를 듣고 끼어들었다.

"그럼, 스님 머리는 오늘 완전히 실습용이네."

모두가 머리를 깎다 말고 웃어 댄다. 이제 막 출가한 스님이나 손놀림이 무딘 스님이 삭발하는 일을 우스갯소리로 "실습"이라고 부른다. 실습 상대가 되면 온전한 삭발을 기대하기란 어렵다. 칼을 다루는 일이라서 삭발은 숙련된 손놀림과 경험이 무엇보다도 필요하다. 자칫 잘못하면 머리에 상처를 내고 만다.

치문緇門을 보던 햇중일 때 멋모르고 선배의 머리를 깎아 주다 보기 흉할 정도로 머리에 상처를 내고는 법당에서 참회를 한 기억이 새롭다. 지금은 어두운 곳에서도 손 감각으로 거뜬히 해낼 수 있을 만큼 되었다. 그만큼 세월이 지난 것이다. 그냥 절밥을 먹는 게 아니고 배우는 일 없이 법랍을 채우는 게 아닌 모양이다. 그래서 중노릇은 익어야 된다고 했던가.

그 스님은 솜씨가 서툴다고 하더니 과연 조심스럽게 머리를 다루고 있었다. 조금은 긴장을 한 모양이다.

"손목에 힘을 빼고 날을 조금만 낮추세요."

몇 가지 일러 주었더니 훨씬 부드러워졌다.

머릿결을 따라 칼을 움직여야 모근이 상하지 않는다. 서걱서걱 모발이 잘려 나가는 소리가 기분을 묘하게 만든다. 일상의 번뇌 덩어리가 잘려 나가는 듯한 쾌감 때문인가. 아무튼 칼질하는 소리가 시원스레 들리는 날엔 괜히 기분이 좋아진다.

"머리가 억세지요."

"상기上氣가 아주 많아요."

망상이 많으면 머리에 종기와 같은 상기가 돋는다고 했다. 부끄러워졌다. 성질을 잘 다스리지 못해 모발이 억세게 되었고 마음을 잘 돌보지 못해 상기가 돋았으니. 선배로서 체면도 있고 해서 변명처럼 "쓸데없는 망상만 늘어서 큰일입니다"라고 말하자 그 스님은 "번뇌가 많아야 깨달음이 빠르다고 하지 않습니까" 하며 오히려 위로해 주었다. 고마웠다.

출가 뒤로 참으로 부끄럽지 않은 삭발이 몇 번이나 있었던가. 그 스님의 한마디가 잊고 지낼 뻔한 출가 본분사를 잔잔히 일깨워 준다. 철저한 자기 점검이 따르지 않으면 보름마다 한 번씩 하는 삭발 행위는 공허한 의식의 되풀이가 될 뿐이다.

"어휴! 유혈이 낭자하군!"

옆에서 도반이 계속 놀려 댄다. 아닌 게 아니라 몇 군데 가벼운 상처를 냈을 게 분명하다는 느낌이 든다. 아까 칼이 목덜미 부분을 지나며 상기를 건드린 모양이다. 비누거품이 조금씩 스며들 때마다 따끔따끔하다. 삭발을 거의 다 마친 것 같다.

"머리를 헹구십시오."

다시 더운 물을 받아 씻었다. 아직 몇 군데가 까칠까칠하다. 손으로 만져서 까칠한 부분이 없어야 잘된 삭발이다.

출가 첫 무렵, 사형이 내 머리를 삭발해 줄 때 가끔 장난기가 생기면 귀 윗부분에 밤톨만 하게 머리카락을 남겨 두곤 했다. 잘 보이지 않는 곳이라서 모르고 지내다 한참 뒤에 발견하고 마냥 웃던 기억이 언뜻 스쳐 간다.

"한 번 더 손질하겠습니다."

까칠한 부분을 손으로 만지며 세심하게 손을 봐 준다. 푸르스름한 머리가 세숫물 위로 흐릿하게 드러났다. 역시 수행자는 맑고 깨끗한 머리가 제격이다. 그래서인지 목욕한 뒤보다 삭발을 깨끗이 하고 난 뒤가 훨씬 더 개운하고 인물도 참하다.

"삭발 끝냈습니다. 죄송합니다."

"감사합니다. 성불하십시오."

삭발하는 날, 비로소 내 모습을 가식 없이 비추어 볼 수 있다. 훤히 드러난 내 모습이 더없이 좋아 보인다.

겨울 안거에 들어가면서 이곳 극락전에서 살기 시작했으니 그럭저럭 한 철이 다 된 셈이다. 지금은 율원채가 되어 버렸지만 노스님네가 사는 별채가 따로 있고 해서 아직도 극락전이란 옛 이름이 더 정감 있게 들린다며 모두 그렇게 부르고 있다. 굳이 옛 이름을 고집하는 것은 아마도 사라져 가는 절 집안의 고유한 향기와 가풍을 노스님에게서 접할 수 있어서일 게다.

같은 산중에 오랜 세월 머리가 성성해지도록 법랍을 지켜 오신 노덕 스님네가 많이 산다는 것은 우리 젊은 출가자들에겐 조촐한 복이 아닐 수 없다. 그분들이 갖는 정신적인 영역은 아무나 쉽게 흉내 낼 수 없는 보이지 않는 힘이기 때문이다.

어느 산중이든 어른이 깨어 있을 때 비로소 그 산문에 수행자들이 모여 원림圓林을 삼고 준열한 눈빛을 세우게 된다. 가끔 만행萬行 길에서 느끼는 것이지만 어른이 떠난 산중은 그지없이 썰렁하고 황망스러운 기분마저 든다.

극락전의 조그만 뒷방에서 노스님 시자 노릇을 하는 게 내 일. 지금은 모두 한주閑主로 물러앉으신 산중의 어른들을 통해 만나는 일상의 깨침이 더 많은 요즘이다. 덕분에 비로소 새로운 안목이 트이고 예지를 얻는 느낌이다. 이러한 경험이 있기에 자칫 자기 관념의 테두리만 고집하기 쉬운 아집과 단견을 돌려놓을 수 있다.

그 시대를 살아온 스님네가 다 그랬듯이 여기 노스님들은 한결같이 김치 한 조각으로 밥 한 그릇을 다 비워야 할 만큼 살림이 어렵던 해인사 시절을 겪으신 분들이다. 평범하게 이어 온 노수행자의 청한한 살림살이, 그래서인지 아직도 해맑은 동안을 간직하시고들 있다. 그런 노스님들의 오롯한 모습이 문득문득 내 본연의 자세를 일깨워 준다. 용과 뱀이 섞여 산다는 절 집안에 변변한 권속 하나 두지 않고 초라하게 살아오신 이러한 노스님의 수행 이력이 훨씬 더 인간다운 담백함으로 다가온다. 홀로 남는다는 것, 바로 그것이 우리 사문의 삶인 것 같아서 때로는 아련한 서글픔에 젖기도 하지만 차라리 소유 없는 그 모습이 좋다.

지금의 젊은 스님네는 울력을 모르고 사는 게 노스님 공부하던 때와 달라진 모습이란다. 그때에는 반나절을 대중 울력으로 보내야 했고, 밭일에는 학인과 수좌는 말할 것 없고 노스님까지도 빠짐없이 동참했다고 한다.

'울력 때면 죽은 송장도 벌떡 일어난다'는 절 집안의 이야기는 바로 그런 울력의 성격을 잘 나타낸 말이다. 여러 산중이 국립공원으로 지정되면서 사원 경제가 좀 넉넉해지자 울력이 차츰 줄어들고 그 바람에 스님네는 쉽게 안일함에 빠진다. 새삼 물질의 풍요가 주는 해독을 생각하지 않을 수 없다. 육체의 안일은 우리 젊은 수행자의 출가정신을 여지없이 허물 수 있기 때문이다.

가끔 방문 사이로 간경을 하거나 면벽 좌선하는 모습을 볼 때면 결코 느슨히 할 수 없는 게 수행이라는 생각에 문득 가슴이 서늘해지곤 한다.

노스님과 함께 나누는 겨울 정담은 또 다른 산중락山中樂이다. 특히 몸을 돌보지 않고 한창 정진하던 젊은 시절의 이야기는 언제 들어도 물리지 않는다.

어느 겨울철 장좌불와長坐不臥 용맹정진에 동참하신 적이 있었단다. 밤새 쌓인 눈이 소나무 가지를 넘기는 소리가 아득하게 들리던 새벽, 잠시 누웠는데 몸이 으스스 떨려 깨어 보니 눈 속이더란다. 잠이 쏟아지면 눈도 이불 삼아 잘 만큼 혼침이 온다는 말씀이다.

"수행하며 조심할 건 딱 두 가지. 돈과 여자."

언젠가 하신 말씀이다. 처음엔 그저 웃어넘겼지만 문득문득 그 말이 그르지 않음을 실감할 때가 있다. 노스님들의 말씀은 숱한 인생의 편린들과 수행 경험을 거듭하여 얻은 지혜인 만큼 나에겐 곧 살아 있는 법음이 아닐 수 없다.

겨울 숲은 비어 있다. 현란한 봄을 위해 긴 침묵의 시간을 가지는 것이다. 내출혈의 고통을 안고 서 있는 겨울 숲을 보면서, 밖으로 치닫던 감각의 눈을 안으로 돌릴 때 비로소 내면의 질서가 조화를 이룬다는 사실을 새삼 깨닫는다. 그래서 겨울은 내 소리를 듣는 시간이다. 찬연히 깨어 있는 원초적인 내 소리를.

어른 스님네의 말씀을 빌릴 것도 없이, 역시 겨울은 공부하기 좋은 기간임에 틀림없다. 겨울 분위기가 산사를 휑하게 만들지만 가만히 보면 도량 곳곳에서 긴장된 열기를 느낄 수 있다. 다름 아닌 스님네의 정진 눈빛이 이루어 낸 수행 열기이리라. 수행자의 푸른 눈빛이 없으면 산중 모습은 정말 속화(俗化)되기 쉬울 것이다. 산문을 너무 개방하다 보니 수행 도량의 청정함이 무너지고 승가의 자생력이 약해진 것이 사실이다. 이런 현실에서 그러한 눈빛은 절 집안을 이끌어 가는 보이지 않는 힘이라는 생각이 든다.

겨울 안거가 길게 느껴지는 것은 아마도 겨울 숲의 어둠 때문일 게다. 아침 공양을 끝내고 나올 즈음에도 숲은 아직 설핏설핏한 어둠을 안고 있다. 어둠 뒤꼍엔 고요가 짙게 깔려 있다.

절 집안에서 일정한 안거 기간을 만들어 많은 스님네가 모여 함께 수행함은 자칫 개인 수행으로 굳어질 수 있는 아집과 독선의 울타리를 염려해서인지도 모른다.

내일은 또 삭발일. 젊은 우리들은 또 헛되이 보낸 시간에 대해 아쉬워하거나 점검하기보다는, 깔고 앉았던 자리 훌훌 털고 산문을 벗어날 해제일이 얼마 남지 않았다는 약삭빠른 계산을 하려 들지도 모르겠다.

빨래 손질

무명옷에 풀 먹이는 작업을 하였다. 무명옷은 풀 기운이 살아 있어야 제멋이 난다. 아무리 낡은 옷이라도 새로 풀을 해 놓으면 처음 입는 옷처럼 기분이 새롭다. 서걱거리는 그 느낌이 더없이 좋다. 특히 삭발 목욕한 날에 새로 풀한 옷을 꺼내 입으면 그 날아갈 것 같은 기분에 일상이 다 새롭다.

모직으로 지은 승복은 여러 가지로 편리하지만 무명이나 광목 옷만큼은 정이 가지 않는다. 세련된 양복 천 느낌이 어쩐지 싫은 탓도 있지만 아무래도 산중에선 무명옷이 돋보이기 때문일 것이다. 그리고 많이 낡아 한두 군데 기워 입으면 괜히 수행자로서 당당해지는 느낌도 든다. 중노릇이 익숙해져서라기보다는 수행자의 그런 삶이 좋아서이다. 기워 입은 옷이지만 결코 초라하지 않다.

먹물 옷에는 귀천이 없다. 늘 입고 보고 해도 물리지 않는다. 세속의 명예와 이익에 초연한 먹물빛이라서 그럴 게다.

지금껏 풀 먹이는 빨래를 많이도 했다. 절밥을 그냥 먹는 것은 아닌 모양이다. 이제는 다림질하지 않고 밟기만 해도 입었을 때 옷태가 날 만큼 솜씨가 매서워졌다. 풀을 쑤는 일에서부터 다림질까지 끝내려면 몇 번의 손질을 거쳐야 한다.

날씨도 좋아야 한다. 풀 먹인 뒤에 햇빛에 말리지 않으면 쉰 냄새가 나기 십상이다. 오늘처럼 가벼운 바람까지 있는 날이면 빨래하기에는 더없이 좋은 날씨다.

역시 일은 시작하기가 힘들다. 금세 해치울 수 있는 일인데도 게으름이 생기면 그냥 며칠씩 미룬다. 양말짝 하나라도 빨지 않고 그냥 두면 여간 찜찜하지가 않은데, 빨래 더미가 수북이 쌓여 있으면 마음 한구석이 늘 무겁다. 그래서 미루던 끝에 모두 꺼내어 깨끗이 빨아 마침내 빨랫줄에 너는 일까지 마치면 마음이 맑아지고 소소해진다.

이번에는 다른 때와 달리 빨래하는 일이 그렇게 즐거울 수가 없었다. 아마도 흐트러진 내 생활의 한 부분을 정리한다는 기분에 그랬을 게다.

옛날엔 밥을 끓여 풀을 쑤었다. 밥으로 쑨 풀이 풀 기운이 오래 가서 더 좋긴 하다. 그런데 언젠가 밥알로 풀을 만드는 나에게 도반이 이런 말을 했다.

"오늘 한 끼 굶어야겠소."

가슴을 섬뜩하게 하는 일침이었다. 두 사람 몫은 족히 될 밥을 옷 손질을 하려고 소비하는 것은 어찌 보면 시은에 어긋나는 일이기 때문이다. 밥찌꺼기를 버릴 때마다 마음이 편하지 않던 터라 도반의 한마디가 오히려 고맙게 느껴졌다.

요즘은 밀가루로 풀을 쑨다. 밀가루로 풀을 쑤기는 한결 쉽다. 바글바글 끓는 물에 따로 풀어 놓은 밀가루를 부어서 몇 번 저어 주면 된다. 그러면 덩어리도 생기지 않고 곱게 풀을 낼 수 있다.

다음엔 치대는 순서이다. 조그만 자루에 넣어 풀을 한번 거른다. 빨래통에 옷을 넣고 오래도록 치대어야 골고루 풀이 든다. 풀을 좀 세게 먹이려고 물을 조금만 부었다. 장마철엔 여느 때보다 풀 기운이 빨리 시들해지는 걸 감안한 조치이다. 치대고 있는 무명옷은 사미 시절부터 줄곧 입어 오던 옷이다. 그동안 먹물빛도 많이 바랬고 같은 천으로 잇댄 부분도 생겼다. 이 옷을 처음 입던 무렵에는 다림질한 옷이 구겨지는 게 싫어 버스에 자리가 있어도 선 채로 있다가 내리곤 했다. 그때의 그런 호기가 그립다.

풀 먹인 빨래를 널고 나면 겨우 한숨을 돌릴 차례가 된다. 요즘은 빨리 말리려고 기계로 탈수를 살짝 해 주기도 한다. 솔기가 있는 저고리는 뒤집어서 긴 대나무에 끼워 두면 골고루 마른다. 바지는 모양대로 널어 두면 구겨지는 부분이 적다. 이게 다 산중 생활에서 익힌 생활의 지혜이다.

이제 다림질만 하면 옷 손질은 끝난다. 옷을 반듯하게 접어 자근자근 밟은 다음에 다림질을 하면 일하기가 쉽다. 먼저 모양대로 뒤집은 채로 꼼꼼하게 다림질을 하고 난 뒤에 다시 바로 뒤집어서 손질하는 것이 일하기가 쉽다. 힘주어 다림질을 할 때면 어지럽던 마음도 곧게 펴지는 듯한 기분을 느낀다. 다림질이 끝난 옷은 접어서 보관한다. 손놀림이 많이 빨라졌다. 그동안 늘어난 건 빨래하는 실력뿐인 듯싶다.

이러한 과정을 모두 끝내고 나면 기쁨이 저절로 고여 온다. 일을 하나 마무리한다는 게 이토록 즐거운가. 일에 대한 순수한 몰입은 이래서 좋다. 삶을 윤기 나게 하는 건강한 기쁨이다.

아무리 세탁기가 좋아도 손으로 하는 빨래만큼 정교하지는 못하다. 손빨래의 즐거움을 세탁기가 대신해 주지 못한다. 거품에 때가 씻겨 나가는 것을 눈으로 확인하는 것도 즐거운 일이고, 맑은 물로 헹굴 때에 어둡던 기분이 덩달아 환해지는 것도 손빨래만의 맛이다.

무명옷의 풀 기운이 시들해지면 또 풀 먹이는 일을 해야 한다. 이 일은 곧 내 수행의 한 부분이다. 어떤 일을 반복함으로써 자기 질서가 확립된다는 것을 빨래하는 날에 새삼 깨닫게 되는 게 우습기도 하다.

환속한 도반 이야기

1

한 도반이 발우를 챙기고 있었다. 언젠가 내가 새것으로 바꾸라고 말했던, 옻칠이 흉하게 벗겨진 그 낡은 발우였다.

"새 발우를 사셨나 보죠?"

"아니요. 광정 스님께 돌려주려고요."

광정 스님은 며칠 전에 입적한 수계(受戒) 도반이다. 그러고 보니 언젠가 도반에게서 그 발우에 대해 어렴풋이 들은 적이 있다.

"아, 광정 스님이 주고 갔다는 그 발우군요."

"네."

"어쩌시려고요?"

"어쩐지 그 가족에게 건네주고 싶네요."

조그만 종이 상자에 발우를 넣고 있는 도반의 표정이 사뭇 진지해 보였다. 별안간 유품이 되어 버린 그 발우가 도반에겐 부담이 되었을 게 분명하다.

광정은 사고를 당하기에 앞서 이미 환속한 모양이었다. 평소 눈매가 서글서글하고 구레나룻이 멋있게 흘러 내린 그의 훤칠한 외모가 떠올랐다.

몇몇 도반들과 그의 초재를 치르기 위해 광주의 한 암자를 찾았을 때에야 우리는 비로소 그가 환속한 사실을 알았다. 그의 아내가 우리를 맞는데 한동안 운 탓인지 눈이 물기에 젖어 있었다. 홀몸이 아니었다. 임신한 지 여덟 달째에 접어들고 있다고 친정어머니가 넋두리처럼 말하는 소릴 들었다. 잠시 막막해졌다.

광정은 한동안 번민과 방황의 시간을 보낸 뒤에 하산下山을 결심했을 것이다. 그 번민의 무게에 비해 너무나 짧게 끝나 버린 그의 세속의 삶이 안타깝고 부질없게 느껴졌다. 환속還俗. 어쩌면 산을 내려간 것이 광정을 죽인 것인지도 모르겠다는 생각에 마음이 퍽 복잡해졌다.

부산 범어사에서 광정을 처음 만났다. 해인사에서 행자 생활을 끝낸 광정은 사미계를 받으려고 그곳에 와 있었다. 수계산림受戒山林이 끝날 때까지 나는 줄곧 그의 옆자리에 앉게 되어 나보다 몇 살 위인데도 그와 쉽게 친해질 수 있었다. 수계산림을 끝내고는 아직 연비燃臂 자국이 선명하게 남아 있는 팔뚝을 보며 이런 말을 했다.
"이제 성불할 수 있는 자격을 얻었네요, 스님."
우린 그날 당당하게 객실에서 하룻밤을 지내고 헤어졌다.
그 뒤에 은사 스님 곁에 머물다가 간경한답시고 해인사 강당을 찾았을 때 우린 풋내기 수행자로서 다시 만났다. 그는 그때 사집四集을 보고 있었다. 광정은 부락 시자 소임을 보느라고 한 주일에 서너 번씩 마을을 드나들었다. 스님들의 잡무를 대신하여 우체국에 가기도 하고, 때로는 조금 먼 시골장에까지 내려가 일용품을 구입해 오곤 했다. 그러나 내가 강당 생활 한 철을 넘기기도 전에 그는 해인사를 떠났고, 그 다음 결제철엔 봉암사 선원에서 정진하고 있다는 소식을 지나는 말로 들었다. 그리고 한동안 소식이 없어 어디 토굴에나 박혀 정진하는가 싶었다. 자주 보던 도반이 오랫동안 보이지 않으면 흔히 두 가지로 추측하곤 한다. 토굴 정진 아니면 환속이다.

광정은 출가와 환속, 두 가지를 모두 잃고 말았다. 출가는 인생에서 가장 큰 도박이 아닐까 싶다. 성공하면 훤칠한 대장부요, 실패하면 속가 사람보다 못한 삶이 되고 말기 때문이다.

또 한번 광정의 명복을 빈다. 다음 생에는 세속의 삶에 연연하지 말고 당당한 수행자의 길을 걸어가길 발원한다.

2

우체국 다녀오는 길에 양복을 말쑥하게 차려입은 신사 한 분을 만났다. 그냥 지나치려는데 합장을 하는 게 아닌가. 어딘지 낯익은 얼굴이다 싶어 이리저리 살피다가 깜짝 놀랐다. "아니, 어떻게 된 겁니까" 하고 물었더니, 대답 대신 차나 한 잔 나누자고 했다.

지난해 여름 안거를 해인사 선원에서 함께 지낸 스님이었다. 승복을 걸치고 있던 그의 모습이 머릿속에 아직도 또렷하게 남아 있어 한참을 바라보았다. 그의 사연은 대강 이러했다.

어머니는 독실한 불자로 지족암 큰스님과 친분이 있었단다. 그러나 그가 처음 지족암에서 출가를 결심했을 때 모친은 독자라는 이유로 크게 반대하였다. 모친의 심한 반대에 부딪쳐 결국 머리도 깎지 못한 채 하산하긴 했지만 도저히 일이 손에 잡히지 않더란다.

그래서 다시 어머니 몰래 직지사로 입산하여 몇 해 동안 연락 없이 여러 선원에서 안거를 착실히 지냈다.

해제를 하고 오랜만에 그의 노모를 찾았을 때, 사태는 출가 전보다 훨씬 더 심각해져 있었다. 이제는 포기했으려니 싶던 모친이 출가한 아들에 대한 강한 집착 때문에 신경쇠약으로 거의 실명할 지경에 놓여 있는 것이었다. 그는 마음이 흔들리기 시작했고, 때마침 나타난 한 여인 앞에서 환속을 생각하게 되었단다.

주민등록을 퇴거하려고 왔다는 그에게 넌지시 환속한 도반 이야기를 했더니 표정이 많이 굳어졌다.

"스님, 저도 걱정입니다. 시은만 축내고 또 이렇게 속인이 되었습니다. 축원 좀 해 주십시오."

"그래도 당당하게 사십시오. 출가할 때의 그 용기로 말입니다."

지난날 수행자로서 그가 보여 주던 호기가 환속이라는 조건 때문인지 많이 위축되어 보였다. 현실 앞에서 점점 나약해지고 있음이 뚜렷했다. 발심수행장에 나오는 글이 떠오른다. 인정이 짙으면 도심道心은 언제나 흔들리기 마련이다.

인정이 짙으면 도심이 엷어지나니
냉정히 하여 미련 두지 말지어다.

人情濃厚道心疏 인정농후도심소
冷却人情永不顧 냉각인정영불고

3

이제는 '거사'라는 호칭이 더 자연스럽게 어울리는 옛 도반을 만났다. 여름 안거를 지내고 있을 때 그의 결혼 소문을 듣고서 막연하게 환속하지 않았기를 바랐는데, 오늘 그를 만나 소문이 사실임을 확인한 셈이다. 어떻게 살고 있는지도 궁금했지만, 동문으로 공부하던 시절의 도반에 대한 그리움이 앞서서 그를 만난 것이다. 그를 만나기 전까지는 승복을 입은 모습만 떠올리고 있었다.

"스님, 반갑습니다."

이렇게 인사하며 그가 막상 모습을 보였을 때에 우린 조금은 당황했던 게 사실이다. 짐작은 했지만 머리를 기르고 속복을 입은 그의 모습이 낯설어 보여서이다. 그러나 승복이든 속복이든 그에게는 다 잘 어울리는 것 같았다. 함께 정진하던 시절에 손재주 좋고 부지런한 그의 덕을 본 도반이 여럿이다. 이제 그는 여지없이 한 사람의 생활인이었다. 책임이란 때때로 삶을 구차하게 만든다.

그와 헤어지고 나서 우린 한동안 서로 말이 없었다. 열심히 살고 있는 그를 보아서 안심이 되기도 했지만, 한편으로는 도반을 잃었다는 어떤 아쉬움과 허전함이 앞섰기 때문이었다. 예전처럼 보고 싶을 때에 망설임 없이 그를 찾기란 이제 어려울 것 같다.

어쩌면 도반은 출가할 때보다 더 비장한 결심으로 살고 있는지도 모른다. 그의 환속엔 처음 산문을 들어설 때보다 몇 곱절 더 큰 용기가 필요했을 테니 말이다.

노스님들이 하는 말이 있다. "굽은 나무가 산을 지킨다." 크고 곧은 나무가 이내 목재로 잘려 나가는 것처럼 잘 생기고 쓸모 있는 이들이 하산한다는 뜻이다. 반드시 그렇지는 않지만, 대체로 공부 잘하는 이들이 속퇴하는 경우가 많고 그 가운데 열에 아홉은 사랑 때문에 승복을 벗는다.

언젠가 그의 은사 스님이 한 말이다.

"내 얼굴은 잘 생긴 편에는 들지 않아. 젊은 시절에는 인물이 좋은 도반이 부러울 때도 있었는데, 지금은 오히려 다행이라고 생각해. 색마장色魔障도 수행에는 커다란 벽이야. 그러니까 못생긴 덕에 아무런 장애 없이 지금껏 공부한 게야."

앞으로 우리가 걸어가야 할 도정道程. 젊은 우리들에게 어떤 변수와 복병이 기다리고 있을지 염려되고 걱정된다. 나 역시 장담할 수는 없지만, 수행의 길에서 이성과의 인연으로 인해 내 삶의 길이 아주 바뀌는 일이 없길 기도했다.

용맹정진 뒷이야기

하루 두 끼에, 저녁은 양을 적게 한다.

차 외에 간식은 전혀 먹지 않는다.

정해진 시간 안에 자리에 앉지 않으면 산문 밖으로 내쫓는다.

송장이 되기 전에는 산문을 나가지 못한다.

용맹정진 때 지켜야 할 사항들이다. 공부를 성취하려고 목숨까지 내놓고 시작하는 게 바로 용맹정진의 기본 정신. 장좌불와, 일주일을 눕지 않고 화두를 성성히 챙겨야 하는 것이 무엇보다 견디기 힘든 일이다.

용맹정진할 때마다 대중의 힘이 무서움을 실감한다. 혼자서 정진하면 쉽게 무너지고 말 것을 대중과 함께 하면 거뜬히 할 수 있기 때문이다. 그래서 초참들은 대중처소에서 공부법을 익혀야 한다고 하는 모양이다.

그러나 그렇듯이 엄격한 용맹정진이지만 더러 엉뚱한 일이 일어나 대중 스님네를 한바탕 웃게 만드는 경우도 있다. 이런 용맹정진 뒷이야기는 두고두고 지대방 한담으로 남는다.

1

새벽에 밀려오는 졸음은 참기 어렵다. 대중들은 스멀스멀 혼침에 빠져들고 있었다. 긴 장군죽비를 어깨에 메고 경책을 도는 인례 스님의 잠 깨우는 죽비 소리만이 이따금 새벽의 정적을 가르고 숲을 쩌렁쩌렁 울리곤 했다.

"흐흐흑."

어디선가 조용히 흐느끼는 소리가 들려왔다. 대중들은 환청이려니 생각하고 저려 오는 다리를 다시 고쳐 앉았다. 그러나 잠시 있으니 흐느낌이 변하여 갑자기 울음이 복받치는 듯한 소리가 터져 나왔다. 모두들 화들짝 놀라고 말았다. 앞줄에 앉은 한 학인 스님이 어깨를 들먹이고 있었다.

"밖으로 데리고 나가십시오."

열중悅衆 스님이 이렇게 말하자 옆자리에 앉은 스님이 얼른 업고 나갔다. 아마 근처 숲으로 데려간 모양이었다. 엉엉 소리를 내며 우는 소리가 간헐적으로 들려왔다.

좌중은 곧 조용해지고 정진은 계속되었다. 정진하는 동안에도 줄곧 그 스님의 일이 궁금했는데 행선行禪 시간에 도반이 귀에다 대고 속삭였다.

"그 스님, 죽비 소리에 시달리다 그만 울어 버렸어요. 그래서 지금 귀에다 솜을 박고 있어요."

"가끔 죽비 소리가 신경에 좀 거슬리긴 하지요. 저도 여러 번 놀랐으니까요."

다시 입선이 시작되었을 때, 비로소 울음의 까닭을 알 수 있었다. 열중 스님의 설명이 꽤 설득력 있게 들렸다.

"공부를 하다 보면 마장이 따르기 마련입니다. 그것은 여러 가지 형태로 우리의 정진을 방해하곤 합니다. 방금 학인 스님께서 운 것은 아마도 심마心魔의 경계에 부닥친 결과라 생각됩니다. 심마가 찾아오면 모든 보이는 것들이 슬프게 느껴지고 괜히 서러운 생각이 들어 자신도 모르는 사이에 울고 말지요. 심약해지는 것도 참선 공부하는 데에서 큰 병통에 듭니다."

열중 스님의 힘 있는 말에 어둡던 눈이 번쩍 뜨임을 느꼈다. 그 학인 스님은 그 뒤에 다시는 우는 일이 없었고 죽비 경책을 자청할 만큼 공부를 잘해 나갔다.

2

용맹정진 때는 음식 조절이 퍽 중요하다. 그래서 노스님들은 가볍게 먹고 정신을 맑게 해야 한다고 늘 이르신다. 정진하는 동안에 과식을 하면 복통을 일으킬 수 있고 잘못하면 배탈까지 일으키기 때문이다.

입선 중에 갑자기 배탈이 난 스님이 도저히 참을 수가 없어 경책을 보는 인례 스님에게 다가가 살짝 말했다.

"스님, 대사간에 다녀올까 합니다."

"스님이 앉은 그 자리가 생사의 대사大事를 해결하는 대사간인데 또 어딜 간단 말이오."

배탈 난 스님은 얼굴이 빨개져 자리에 도로 앉았고 한쪽에선 실낱같은 웃음소리가 새어나왔다.

보통 변을 보는 일을 큰일이라 하여 '대사'라 하고 화장실을 '대사간'이라 말한다. 생사를 해결하는 일과 그 일을 해결하는 일 가운데 과연 어느 일이 '진짜 큰일'이고 '진짜 급한 일'이었을까. 정진 시간 내내 우리 모두의 화두였다.

3

용맹정진에서 무엇보다도 힘든 일은 졸음을 참는 것이다. 육체의 고통도 수마에 견줄 바가 못 된다. 꾸벅꾸벅 졸면 어김없이 어깨를 들이대야 한다. 그러면 장군죽비가 천둥처럼 선실을 울린다.

따닥! 탁! 탁! 탁!

죽비 소리가 경쾌하고 맑아야 잘 쓰는 경책이다. 둔탁한 소리가 나면 경책을 받는 이도 시원하지 못하고 자칫 잘못하면 죽비 끝으로 척추를 건드리기 쉽다. 선원에서 안거를 많이 지낸 구참일수록 죽비를 잘 쓴다. 그러나 잠이 심하게 쏟아질 땐 죽비로도 막을 수 없다. 졸다가 이마를 방바닥에 찧기도 하고 그냥 뒤로 벌렁 넘어지기도 한다.

자정을 넘긴 시간이었다. 죽 공양을 마친 뒤라 뱃속의 포만감으로 대중이 하나둘씩 수마에 떨어지고 있었다. 강원에서 올라온 한 학인 스님이 그냥 스르르 누워 버렸다. 죽비로 흔들어 깨우자 덜 깬 목소리로 중얼거렸다.

"밤이 깊었는데 왜 자지 않고 앉아 있는지 모르겠네. 불 꺼요오······."

그래서 또 한 차례 웃음이 지나갔다.

<u>4</u>

주지 스님이 정진하는 대중을 지도하기 위해 선방에 들렀다.

"눈을 감지 말아요. 눈을 감으면 화두가 달아나!"

이리저리 다니시며 잠을 깨운다. 그러다 어느 수좌 스님 앞에 멈추었다. 들릴 듯 말 듯한 대화가 서로 오갔다.

"눈을 감지 말고 떠요."

"……."

"아, 눈을 떠!"

그때 옆에 있던 스님이 주지 스님께 재빨리 말했다.

"그 스님 원래 눈이 작아서 그래요."

순간 좌중에 폭소가 터지고 말았다. 열심히 정진하시던 구암 노스님도 며칠 사이에 까칠까칠하게 자라난 수염을 만지며 웃으셨다.

<u>5</u>

아침 공양을 끝내고 선방에 오르다 그만 바짓가랑이가 터졌다. 그 스님은 이렇게 투덜거렸다.

"에잇! 터지라는 도道는 터지지 않고 애꿎은 바지는 왜 터지뇨."

이런 일로 해서 사뭇 긴장된 용맹정진 분위기가 한결 부드러워지기도 한다. 아무튼 대중이 모여 사는 곳엔 싸울 일보다 웃을 일이 더 많다.

소임자 뽑는 날

절 집안에도 선거가 있다. 이를테면 소임자를 뽑는 일이 그 가운데 하나다. 대중을 통솔해 나갈 대표자를 대중 스님네의 뜻을 물어 선출한다.

오늘 뽑는 소임자는 입승立繩이다. 말 그대로 먹줄 긋듯 법도를 바로 세우고 대중을 살피는 게 바로 입승 스님의 본분이다. 대중 스님네의 공부를 돕는 이러한 외호外護 소임자를 잘 뽑아야 한 철 공부를 짬지게 할 수 있다.

대중 스님이 큰방에 다 모였다. 오늘이 삭발날이라 그런지 스님네의 모습이 더없이 맑아 보인다. 이런 공사公事의 자리는 언제나 좋다. 강당에 막 방을 붙이고 처음으로 소임자를 뽑는 자리에 앉았을 때, 절 집안에 이런 좋은 풍습이 아직까지 남아 있다는 사실에 마음이 뿌듯해졌다.

절 집안의 좋은 가풍들이 세월 따라 빛이 바래고 있음을 걱정하는 노스님들이 많다. 옛날에는 작은 일도 대중의 뜻을 물어 결정하는 대중공사大衆公事, 서로 허물을 지적해 주고 참회하는 자자포살自恣布薩, 그리고 울력 따위가 있었다. 이것들은 화합에 바탕을 두어 어느 개인이 혼자 종무를 처리하는 독단을 방지하기 위한 제도들이니, 그 취지가 퍽 돋보인다. 한 집안의 전통은 곧 질서로 통한다.

우리 앞줄에 마주 앉은 신참 사미 스님들은 아마 처음 참석하는 법석法席일 것이다. 그래서인지 긴장된 모습이지만 호기심 가득한 표정들이다.

세 분 스님이 대중 앞에 나섰다. 말하자면 후보인 셈이다. 모두가 큰방의 장판 때가 묻을 대로 묻은 고참 도반들이다. 한 스님은 조용하게 수행 잘하기로 소문나 있고, 한 스님은 사람 좋기로 널리 알려져 있으며, 또 다른 스님은 대쪽 같은 성격으로 공과 사가 분명하다는 소릴 듣는 편이다. 간단하게 이력을 소개한 세 분 스님이 이제는 소견 발표를 할 차례.

"저는 능력이 부족하고 수행이 익질 못했습니다."

모두가 이런 식으로 사양한다. 이럴 때에는 누구를 뽑을지 난감해진다.

'걸레 찰중'으로 불리던 스님이 생각난다. 찰중 후보로 나온 그 스님이 큰 소리로 발표한 소견에 온 대중이 웃은 적이 있다.

"중생이 있는 곳에 보살의 행원이 있고, 더러움이 있는 곳에 걸레가 필요하지요. 구석구석 훔칠 수 있는 걸레. 저는 이런 걸레가 되길 발원했습니다. 중생의 곪은 곳을 닦아 주고 사회의 어두운 구석을 청소하는 걸레 정신이 우리 출가자에게 요구되는 실천행이 아닐까요. 대중 스님네의 걸레가 되겠습니다."

이렇게 '걸레론'을 펼친 그 스님이 대중 모두의 지지로 한 철 소임을 맡아 보게 되었음은 물론이다. 이처럼 소임자와 대중의 마음이 맞닿아야 한 철을 지내는 데에 힘이 들지 않는다.

자신 있게 나서는 스님이 없는 게 어쩌면 당연한 일인지도 모른다. 사실 혼자의 삶이라서 아집이 더욱 강할 수밖에 없는 스님네를 외호한다는 게 어디 그리 쉬운 일인가.

그동안 대중처소에 살면서 나름대로 깨달은 게 있다면 침묵과

하심이다. 이 두 가지만 지키고 살면 일체 시비가 없다. 혼자 사는 일보다 대중과 지내는 일이 훨씬 힘들다. 시비를 잘 다스려 마음이 얼마쯤 익어야 대중처소에서 살 자격이 있다. 그렇다면 대중 생활은 타인이라는 거울로 제 모습을 비춰 보는 일이 아닐까.

아무튼 투표로써 한 분 스님을 뽑아야 할 차례이다. 종이쪽지가 내 앞에 놓였다. 미리 생각해 둔 스님을 적었다. 투표에 의해 결정되는 것이 무슨 횡포 같아 미안해진다. 대중은 한 스님에게 선뜻 마음을 내기가 어려울 게다. 이럴 때 성격이 부드러운 스님에게 표가 몰리는 경우가 많다.

개표. 예상했던 대로 대중은 일을 분명하게 처리하는 스님을 뽑았다. 새로 뽑힌 입승 스님이 죽비를 힘차게 세 번 울린다. 죽비로 법도를 지키겠다는 맹세의 삼성三聲이다. 한 차례 우렁찬 박수가 지나간다. 이제 대중 소임자로 뽑힌 도반은 많은 것들을 깨닫게 될 것이다. 무엇보다 중요한 것은 지금까지 자신에게 고정되어 있던 시각을 대중 쪽으로 돌리는 일이다.

달빛이 환하다. 큰방에서는 곧 축하 차담이 있을 모양이다. 국화 향기 사이로 달빛이 하얗게 부서진다. 달빛이 무척 정답다. 수행자의 삶 또한 달빛 같아서 결코 요란해서는 안 될 것이다. 달빛은 사람을 짜증나게 하지 않는다. 그 빛은 마치 조용한 마음 같다.

"달빛은 한참을 쳐다보아도 눈이 시리지 않아서 좋아요."

함께 달구경을 하던 도반이 내게 말했다. 늘 쳐다보아도 좋은 사람이 바로 달덩이 같은 사람일 게다. 창호에 번지는 달빛은 한결

사람을 차분하게 한다.

"사람들은 별을 자기 것으로 만들려고 하지 않는다. 별의 아름다움을 즐길 뿐이다."

쇼펜하우어의 말이다. 달을 보면 마음이 편안해지는 것은 그 은은한 빛도 빛이려니와, 그것이 애초에 소유할 수 있는 물건이 아니기 때문일 것이다.

새로 선출된 소임자 스님도 달빛 같은 인품으로 대중을 편안하게 이끌어 주었으면 한다. 소임자를 뽑는 날. 산거山居 생활에서 조촐한 대중 행사를 보면서 출가인인 것이 새삼 자랑스럽게 느껴졌다. 이제 소임자 뽑는 일도 끝났으니 열심히 사는 일만 남았다.

설날

설날 기분은 음력 정월 초하룻날이어야 제대로 난다. 비로소 한 해를 다 살았다는 생각이 들고 한 살 더 먹었다는 사실이 실감나게 다가온다.

내 한 해의 도정을 점검하는 날이다. 묵은 해와 새해가 따로 있을 리 없겠지만 그래도 설날 아침에는 한 해의 첫날인지라 다른 날보다 일찍 일어나게 된다. 새벽 도량석 소리에 잠이 말끔히 깨었다. 평소처럼 잠자리에서 일어나기 싫어서 이리저리 뒤척이던 짓도 하지 않았다. 그냥 하던 세수도 정성 들여 비누칠을 하여 씻고 나니 정신이 더욱 환하게 맑아졌다.

법당에 대중 스님네가 다 모여 예불과 통알 세배를 마쳤다. 새벽 기운이 차가워 맨머리가 시렸다. 먼저 제불 보살님께 삼배를 올리고 법보, 승보, 사부 대중에게 삼배씩을 한다. 산중의 어른 스님네도 모처럼 자리를 하였다. 대중 모두가 어른 스님께 세배를 올렸다. 판각板閣을 비롯하여 각 법당을 돌며 참배하고 나니 아침 공양 전에 할 일은 다 마친 듯했다.

"지난해에 보고 처음이니 꼭 일 년 만이네요."

아침에 떡국을 먹으며 하룻밤 사이에 많은 게 달라졌다고들 농담을 했다. 아직 어둑어둑한 정월 초하룻날 새벽, 버섯을 넣어 끓인 떡국이 유별나게 구미를 돋우었다. 공양 뒤에 산중 어른들을 찾아 뵙고 세배 드리는 일도 즐거운 일 가운데 하나이다.

어제 저녁엔 윷놀이를 즐기는 떠들썩한 소리가 산중에 가득했다. 그믐날에는 그냥 밤을 지새우는 게 아니란다. 그래서 자정까지 윷을 놀았다. 학인 스님들이 삼경이 지나 왁자지껄 떠들어도 이 날만큼은 어른 스님네들이 짐짓 모른 척하며 봐주신다. 힘차게 윷을 노는 학인들을 보고 오히려 흐뭇해하신다.

"그믐날 밤인데 왜 이렇게 조용해!"

조용하면 이렇게 나무라신다. 명절 때에는 시끌벅적하니 윷을 던지는 소리가 나야 아무래도 제멋이고 모여 사는 기분이 제대로 느껴지기 때문이다.

선원에서도 이날은 좌복을 걷어 내고 윷판을 만들어 선방이 떠나가도록 웃으며 놀았다. 학인 스님들은 궁현당 큰방에서 여기저기 패를 갈라 윷놀이를 하였다. 서로 제 편이 이기라고 목이 쉬도록 고함을 지른다. 윷이 떨어질 때마다 박수가 나오고 '와아' 하는 함성이 터지곤 한다. 그 소리에 혼이 온통 빠질 지경이다. 모두가 아이 같은 빈 마음으로 놀이에 빠져드는 것이 참 좋아 보인다. 가끔 노스님들이 지나다가 보고 빙그레 웃기만 한다. 산중은 설날을 하루 앞둔 그믐날 밤이면 윷 노는 소리가 새벽까지 이어진다.

새해 첫날. 아침 예불을 마치고 계단을 내려오는 발걸음이 한결 가벼웠다.

"중노릇은 딴 곳에 정신 팔지 않고 오직 성불하는 일에 힘써야 하지. 올해의 큰일은 바로 성불하는 일인 게야."

극락전에 계시는 노스님은 세배를 마친 내게 이렇게 경책의 말씀을 하셨다.

내 밝은 마음이 전해진 까닭일까. 만나는 스님네마다 좋은 얼굴로 합장을 하고 새해 인사를 건넨다. 안거 기간이라 산중에서 설을 지내는 스님네가 많아 명절 기분이 몇 곱절 더 난다. 모두의 밝은 표정을 보니 한 해 내내 이랬으면 좋겠다 싶었다. 일일시호일日日是好日이라는 말은 이를 두고 하는 말일 게다.

몇몇 분께 연하장을 보내면서 이렇게 적었다.

"오늘은 어제처럼 내일은 오늘처럼 사소서."

설날 오후에는 거창에 계시는 주중식, 송정옥 선생님 댁에서 차 한 잔을 나누었다. 초등학교에서 교편을 잡고 있는 두 분과 이야기를 하면 참 편안해진다. 두 분에게서 배우는 게 많다. 꼭 절 집안에만 스승이 있는 것이 아니다.

올곧은 그분들의 생활 정신이 나를 부끄럽게 만든다. 내 수행 정신이 빈 껍데기뿐인 게 아닌가 하는 생각을 자주 하게 만든다. 수질 오염을 염려하여, 머리를 감을 때는 꼭 비누를 쓰고 헹굴 때에는 식초를 타서 헹군다. 누구나 걱정은 하지만 실제로 이렇게 행동하고 실천한다는 게 어디 쉬운 일인가.

"먹고 남은 차 찌꺼기를 타서 머리를 헹구면 머릿결이 부드러워지고 윤기가 흘러요."

내가 한마디 거들었다. 내일부터 그렇게 한번 해 보겠다며 좋아라 하신다. 참 진실하게 사시는 분들이다.

지난번 찻물을 끓일 때는 시꺼멓게 때가 끼고 찌그러진 주전자를 사용하였는데 이번에 전기포트를 새로 구입한 모양이었다. 그래도 물이 끓는 데 시간이 오래 걸렸다. 전기스탠드도 역시 많이 낡아 보였다. 한 십 년은 넘게 사용한 듯싶었다. 이 집은 낡았다고 해서 버리는 것이 없다. 불편하지 않으면 계속 사용한다. 돈이 없어 그러는 것은 아니다.

언젠가 내게 우편물을 보내왔을 때에 무척 놀랐다. 다른 사람이 그들에게 편지를 보낼 때 적은 주소를 지우고 뒤쪽에다 주소를 적어 다시 사용한 것을 보고, 생각 없이 정재^{淨財}를 낭비하는 내 일상이 새삼 부끄러웠다.

한번 들를 때마다 한 가지씩 배우고 오는 셈이다. 올해도 이런 좋은 사람들을 만났으면 좋겠다.

오렌지빛 승복

첫날, 파타야.

태국 방콕 돈무앙 국제공항에 도착했을 때는 어둠이 설핏설핏 내리는 때였다. 서울에서 다섯 시간 반 남짓 날아온 셈이다.

모두가 이국에 대한 흥분과 기대감으로 조금씩 들떠 있었다. 이곳까지 오는 동안 줄곧 환한 모습이었다. 여행은 누구에게나 가벼운 설렘을 주나 보다. 삼삼오오 다니면서 괜히 조그만 말에도 까르르 웃곤 하는 게 꼭 어린아이들 같다. 대중과 함께 움직인다는 사실은 혼자 떠나는 여행이 주는 불안한 심리를 조금쯤 줄어들게 하는 것 같다.

어딜 가든 기다리는 데 익숙해지는 연습이 필요했다. 수속 절차를 어렵게 마치고 공항을 빠져나올 때까지 그런 시간 때문에 우린 벌써 지쳐 버렸다.

파타야 휴양지를 향해 버스가 출발했다. 시내를 벗어나니 군데군데 허름한 판잣집이 보인다. 빈부의 차이가 심한 나라, 태국. 그러나 서민들은 불평이 그다지 크지 않다고 한다. 불교 사상이 삶의 밑바탕이 되어 사람들이 자신의 현실을 있는 그대로 받아들이기 때문인가 보다.

우리나라와 달리 이곳은 차량이 좌측통행을 한다. 그래서 그동안 몸에 밴 우리 습관 때문에 당황스러울 때가 많았다. 문화란 이렇게 시공의 차이나 삶의 모습에 따라 다르게 굳어지는 법이다. 승용차보다는 픽업차가 많았다. 나중에 안 사실이지만 태국에는 승차 정원 제도가 없다. 작은 픽업차에도 태울 수 있을 만큼 사람을 꽉꽉 채워 태운다. 짜증스러울 만한데도 다들 표정이 참 밝아 마음이 편했다. 자동차는 모두가 외제이다.

파타야 휴양지. 동양 최고의 휴양지라 일컬어지는 이곳은 방콕에서 백이십오 킬로미터 떨어진 도시로서 버스로 두 시간 반쯤 걸린다. 해변이 가까운 천혜의 관광지이다.

오늘 우리가 숙박할 곳은 바다가 내다보이는 로얄 좀덴(Royal Jomtion) 호텔이다. 낯선 곳에 오면 내일이라는 말에 기대가 더욱 커진다. 그건 아마 새로운 경험과 만난다는 사실 때문일 게다.

이튿날, 파타야.

해변의 서늘한 공기가 아침 기분을 상쾌하게 해 주었다. 아침은 간단한 뷔페식. 호텔에는 한국 사람들이 제법 많았다. 김치가 있어서 무엇보다 다행이었다. 태국 음식의 느끼한 뒤끝을 김치가 없애 주어서이다. 식생활 습관은 때로 우리를 불편하게 만들곤 한다. 밥은 푸석푸석하고 기름기가 없고 고소한 뒷맛이 없어 처음엔 무척 역겹게 느껴졌다. 이런 사정은 한국인 식당에서도 마찬가지이다.

첫날부터 끈질기게 따라붙는 잡상인한테 시달렸다. 사파이어나 상아 따위를 사라고 자꾸 졸라 댄다. 그을린 피부에 초라한 행색이 측은하여 물건을 샀다가는 바가지를 쓰기 십상이다. 대부분이 가짜 제품이기 때문이다. 한국 사람들이 꽤 다녀간 모양이다. 우리말을 기본적인 것은 할 줄 알고 또 우리 돈을 셈할 줄 안다. 관광지는 어느 곳이나 상술이 뛰어나다. 산호섬에 갔다 올 때는 유람선에 승선하는 모습을 카메라로 찍어 어느새 기념 액자까지 만들어 놓았다. 하나에 오 달러. 울며 겨자 먹기였지만 사 주지 않을 수가 없었다. 자꾸만 따라붙는 이런 잡상인은 애당초 무시해야 옳았다.

산호섬은 나라에서 보호하는 산호가 즐비해서 붙인 이름이다. 물이 수정처럼 맑아 바다 밑바닥에 있는 크고 작은 산호들이 그대로 훤히 드러나 보였다. 날씨는 한국의 늦여름 정도. 물이 그렇게 차지 않아 수영을 하기에 충분했다. 한여름엔 수영 인파가 이곳을 가득 메운다고 한다.

처음으로 이곳 파타야의 사원을 참배했다. 별로 크지 않았다. 광활한 평원으로 이루어진 태국에서는 좀처럼 산을 볼 수가 없다. 정상에 사원을 모신 이 산은 부근에서는 가장 도드라진 곳이지만 겨우 우리나라 야산 수준이다.

사원 입구는 스님네의 거처인 듯싶었다. 황색 가사가 군데군데 널려 있고 나이 든 스님들이 그늘에서 쉬고 있는 모습이 새로웠다. 우릴 보고도 아무런 표정을 짓지 않는다.

태국 스님네는 술과 고기, 담배를 자유로이 먹고 피운다. 다만 한 가지, 여자를 가까이 할 수 없다는 계율은 철저하게 지킨다. 그래서 여자와는 사진 찍는 것도 거부한다.

사원 입구에서 어린 시골 처녀들이 방생용 새를 팔고 있었다. 두 마리를 방생하는 데 일 달러란다. 우리가 말을 건네자 부끄러운 듯 웃기만 했다. 시골에선 교육열이 현저히 떨어지고 상급 학교 진학

률도 무척 낮다고 한다. 상급 학교에 보낼 경제적인 여유가 없는 것이 가장 큰 원인이다. 그래서인지 곳곳에서 우리나라 고등학생쯤으로 되어 보이는 여자아이들이 점원으로 일하고 있었다. 이곳에선 초등학교만이 의무교육이다.

법당 입구에선 기념품을 팔고 있었는데, 시주를 하면 꽃 한 송이와 향 그리고 금종이를 주었다. 금종이는 병든 사람이나 소원이 있는 사람들이 불상에 붙이는 것이다. 불상마다 이런 금종이가 너절하게 붙어 있었다.

민속촌을 방문했을 때의 일이다. 예쁜 아가씨가 의아스러운 표정으로 우리에게 질문을 하였다. 스님들이 관광을 다니는 것을 이해할 수 없다는 것이다. 태국의 승려는 일절 외유가 없다고 한다. 우르르 몰려다니던 우리는 이런 질문 앞에서 어떻게 설명해야 할지 몰라 난감했다. 괜히 부끄러워졌다.

생전 처음 야자를 먹어 보았다. 맛이 달지도 않고 시덥덥했다. 단맛이 별로 없어 갈증 해소에 괜찮을 것 같다. 도반인 법은 스님은 오늘 하루에만도 꽤 여러 개를 먹었다. 자기가 야자를 좋아하는 것은 전생에 태국에서 수행한 인연 때문이라는 우스갯소릴 해 가면서.

사흘째 날, 방콕.

한결 쉬운 하루였다. 이곳 생활에 조금은 익숙해졌고, 어느 정도 눈치를 살필 수 있는 여유가 생겼기 때문이다. 사람을 만나면 "싸

왓디 캅(안녕하세요)" 하면서 인사를 건네기도 했다. 가는 곳마다 기념품을 사다 보니 짐이 조금씩 무거워지기 시작했다. 물건 값이 무척 싸다. 우리나라 돈 천 원이면 이곳 돈으로는 삼십 바트인데, 기념엽서 열 장 값이다.

처음 방문한 곳은 한때 '동방의 베니스'라 불리던 수상시장. 강을 따라 수상가옥이 즐비하게 늘어서 있었다. 극심한 빈민가로 그곳에 사는 하층민들은 우리로선 상상도 할 수 없는 생활을 하고 있다. 닭장처럼 대충 지은 집도 있고 그보다 나은 집도 있지만 대개가 비슷한 수준이다. 강을 따라 계속 내려가는 동안 사람에겐 어떤 환경에든 적응할 수 있는 힘이 있음을 새삼 확인하였다. 역시 흐르는 물은 썩지 않는다. 이것저것 지저분한 것들이 떠다니고 물빛도 흐린 이 강물로 목욕도 즐기고 빨래도 한다고 한다. 다만 먹지만 않을 뿐이다. 관광 안내 책에서 보았던 것과 크게 차이가 나서 웃음이 나왔다.

강을 따라 도착한 곳은 왓 아룬 Wat Arun으로, 널리 이름난 새벽 사원이다. 무엇보다도 높다랗게 서 있는 탑 형식의 왓 Wat의 규모에 질리고 말았다. 최고 높이 칠십오 미터. 태국 사원의 화려한 한 면을 엿볼 수 있었다. 입장료는 오 바트. 승려가 거처하는 지역은 철저히 통제하고 있었다. 종교 의식에는 전혀 참여할 수 없고 이곳의 승려와 대화도 할 수 없었다. 수박 겉 핥기 식으로 사원만 구경할 뿐이고 태국의 불교를 더는 알 방법이 없어 안타까웠다.

오늘 사원 두 곳을 더 가 보았다. 왕실 수호 사원이라 할 수 있는 에메랄드 사원Wat Phra Keo은 왕궁과 서로 통하게 되어 있었다. 이 곳은 국왕이 직접 참배하는 사원이다. 또 한 곳은 대리석 사원Wat Benchamabophit이었다. 태국의 전통 건축양식과는 달리 외국에서 수입한 듯한 대리석으로 만들었지만 태국 건축을 대표할 만했다. 관람은 무료이다. 신도 단체에서 기증한 우리나라의 범종이 인상적이었다.

사찰 주위에 관광객을 노리고 많은 상인들이 몰려 있었다. 이제는 웬만큼 따라붙는 것을 뿌리칠 수 있고 흥정을 하는 요령도 생겼다. 오 달러를 지불하고 철로 된 불상 두 분을 모셨다. 부처님 상호가 원만해서 아주 좋았다.

생수 한 병을 사 먹었다. 태국에선 반드시 생수를 마셔야 한다. 석회질이 많아서 수돗물 따위를 그냥 먹으면 당장 배탈이 난다는 말에 생수만 먹었다. 이곳 돈으로 십 바트, 달러로는 일 달러를 주면 시원한 물을 마실 수 있다.

벌써 밤 열 시, 저녁에 먹은 새우 튀김으로 속이 거북하다. 이곳은 우리와 시차가 세 시간 난다. 또 하룻밤을 지내게 된다. 방콕 강변의 메남호텔이다. 우리나라 특급호텔쯤 되는 규모로 수영장은 물론이고 수상 공연장까지 있다. 동행한 원택 스님이 이곳의 특산품인 악어가죽 지갑을 하나씩 사 주었다. 문득 우리나라를 다녀간 잠롱 방콕시장이 생각난다.

나흘째 날, 아유타야.

아유타야Ayutthaya 유적은 잠시 우리를 숙연하게 만들 만큼 그 규모나 위용이 엄청났다. 그 옛날 융성하던 불교 문화의 잔영을 볼 수 있었다. 1767년 버마가 침략했을 때 왕궁을 비롯하여 사원까지 완전히 파괴당한 폐허의 도시 아유타야. 흉하게 칠이 벗겨진 불탑, 동강난 불상 더미 속에서 불일佛日이 더욱 빛나기를 바라며 힘 있게 반야심경을 봉독하였다. 이리저리 다 참배하려면 한 시간으로는 턱도 없다. 커다란 보리수가 그 영욕의 세월을 말해 주는 듯했다. 보리수 잎을 몇 개 주웠다.

아유타야에서 태국 정식으로 공양을 했다. 밥은 볶음으로 나오고 닭고기도 올려졌다. 대개가 기름기 있는 음식이라 내게는 잘 맞지 않았다. 어딜 가나 밥 때문에 곤혹스럽다. 태국의 쌀은 알랑미(안남미)라서 밥알이 풀풀 날린다. 차진 우리 밥에 입이 길들여진 터라 도대체 입맛이 당기질 않는다.

"이 밥을 먹고 방귀를 뀌면 그게 바로 '알랑방귀'지요."

이래서 또 한 차례 웃었다.

절 앞에 늘어서 있는 기념품 가게에서 엽서를 석 장 샀다. 지평선을 넘어가는 노을을 바라보며 일정의 마지막 저녁을 먹었다. 낮에는 기온이 보통 34도를 오르내린다. 승복을 걸치고 다니기에 무척 곤혹스러운 날씨다. 올해는 여름을 두 번 지내는 셈이다.

다른 날보다 무척 아쉬운 이국에서의 마지막 밤이다.

여행은 새로운 경험을 통해 우리의 안목을 툭툭 열리게 해 준다.

제4장

혼자 하는 삭발

혼자 하는 삭발

이제는 혼자서 삭발하는 일이 많아졌다. 서걱서걱하는 소리를 들으며 내 손으로 머리를 깎을 때마다 다시 출가하는 듯한 기분을 느낀다.

대중처소에 살면 혼자 삭발할 일이 거의 없다. 대부분 서로 마주보며 깎아 주기 때문이다. 그래서 행각을 하다가도 삭발일이 다가오면 서둘러 처소에 돌아오곤 했다. 혼자서 삭발을 잘 하지 못하는 햇중으로서는 삭발할 일이 큰 걱정이 아닐 수 없었다. 머리를 깎으려고 이발소를 찾을 수도 없는 노릇이니 말이다.

대개 대중처소에선 보름마다 한 번씩 삭발을 한다. 보름을 넘기면 머리가 꽤 자라나서 보기 싫다. 그리고 너무 길면 칼질하기에도 불편하고 머리 밑도 아프다. 그만큼 모발이 억세져서이다.

이제는 검은 머리 빛이 보일 만큼 머리가 자라면 괜히 마음까지 어두워진다. 수행자가 아무리 옷을 잘 입는다 해도 삭발한 뒤보다 깔끔할까. 기계로 깎는 스님네도 있지만, 칼로 하는 삭발에 익숙해진 탓에 기계 삭발은 그다지 신통하지 않다. 조금 불편한 점은 있어도 아직까지 삭도를 고집하는 편이다. 느낌부터 다르기 때문이다. 기계 삭발은 완전히 깎아 내지 못하므로 어딘지 모르게 개운하지 않은 데에 견주어, 칼로 하는 삭발은 머리 밑 비듬까지 없애 주어서 여간 시원하지가 않다. 거울에 비치는 반짝반짝한 머리통이 좋다.

삭발하고 나면 사람이 달라 보인다. 더불어 마음까지 즐겁다. 보통 때는 본분사本分事를 잊고 지내기가 일쑤다. 정진을 게을리해서는 안 되겠다는 경각심이 새삼 솟구치는 것도 바로 삭발할 때이다. 삭발만큼 수행자의 마음을 섬뜩하게 하는 일도 없다. 입적하신 고암 노스님은 사흘에 한 번씩 삭발을 하시면서 수행 일상을 점검하였다고 한다. 아마 간간이 삭발하는 날이 없다면 저도 모르게 흥청망청 살기 쉬울 게다.

처음으로 혼자서 삭발을 시도한 장소는 공중목욕탕. 만행길에 들어간 대중탕에서 머리가 자란 내 모습이 구질구질하게 느껴져 용기를 내었던 게다. 목욕탕의 수증기가 머리 밑을 눅눅하게 해 주기 때문에 비교적 삭발하기 수월한 이점도 있다.

거울에 보이는 쪽부터 시작하면 된다. 일회용 면도기는 안전하여 베이거나 실수하는 일은 없다. 보이는 쪽은 쉽다. 뒷부분, 보이지 않는 쪽이 문제인데 그것도 요령이 생기면 별 어려움이 없다. 면도할 때처럼 손으로 만지면서 조심스럽게 깎아 내리면 된다. 칼날만 너무 세우지 않으면 걱정할 것이 없다. 손의 감각만 익으면 거울이 없거나 불빛이 어두워도 쉽게 할 수가 있다.

혼자 삭발을 하게 되면서부터 그렇게 편할 수가 없다. 어딜 가든 삭발 걱정할 필요 없고, 마음이라도 어지러운 날이면 언제라도 삭발로 마음을 다잡을 수가 있다. 이제는 얼마든지 혼자서 살 수 있다. 홀로 지내게 되면 삭발할 일이 걱정이었는데 그것도 시원하게 해결된 셈이다. 출가한 지 몇 년이 지난 뒤의 일이다.

비 오는 가을밤

가을비가 산창에 내리고 있습니다.
대숲을 적시는 빗소리가
까닭 없이 정겹게 느껴지는 건
아마도 가을밤이라서 그럴 것입니다.
아무래도 가을은 다른 때보다
사유의 뜰도 넉넉해지고 감정의 파장도
섬세하게 작용하는 기분 때문이지요.

제 마음이 아주 순수해진 그런 느낌입니다. 고여 있는 물을 한바탕 휘젓고 나면 앙금이 가라앉듯, 헐떡이던 마음을 가라앉히고 보니 거짓 없는 마음이 드러나는 것 같습니다. 사실 상대적인 미추선악에서 자유로워질 때 절대평안을 얻을 수 있습니다.

가을 빗소리는 시끄럽지 않아서 멋이 살아나는 게 아닐는지요. 기왓골을 타고 흐르는 낙숫물 소리를 듣습니다. 내 감각들이 잠시 투명해지는 기분입니다. 눈은 아직도 좋은 것만 즐겨 보려 하고 귀는 지금껏 아름다운 소리에만 길들여져 왔습니다. 어찌 보면 육근六根의 의식들이 여태 밖을 향해서만 신경을 곤두세운 채로 살아왔다고 할 수 있습니다. 가을은 이러한 감각들을 비로소 내면으로 돌리는 그런 때인 것 같습니다.

우리 삶에서 자주 마주치는 대립과 갈등이 모두 욕심에서 생김은 많이 들어서 낯설지 않습니다. 받아서 채우는 게 아니라 주어서 비워 내는 그런 작업을 계속하고 있는 가을 숲을 가만히 보고 있으면 제 자신이 부끄러워질 때가 많습니다.

빗소리에 괜히 마음이 약해지고 가슴까지 휑해지는 걸 보면 인간의 여백이 커진 까닭인 것 같습니다. 이러한 감상의 남용이나 감정의 비약이 내 수행 일과를 흔들리게 한다는 것을 잘 알면서도 쉽게 조절하지 못할 때가 많습니다. 때로는 이런 감정 앞에 솔직해지는 것이 어쩌면 젊은 수행자가 부려 봄직한 호기라는 생각으로 자위를 하곤 하지요.

수행자의 일상에서 인간적인 감정의 틈을 경계하는 까닭은 그것으로 말미암아 자칫 세속적인 정에 빠지기가 쉽기 때문이지요. 본질이 아닌 한낱 인습에서 아직도 깨어나지 못하는 내 어리석음 탓일 것입니다. 산중에 살다 보면 때로 이런 감정들이 밀물처럼 밀려올 때가 있습니다. 이런 감정의 번뇌를 사혹思惑이라고 말하지요.

경전에서는 이와 같은 생각은 실제에 직면하여 어두워졌다 밝아졌다 하는 거짓 감정으로서 갈애渴愛에서 생긴다고 말하고 있습니다. 그런 내 모습에서 심한 모순을 느끼고 수행의 연천年淺을 스스로 인정하지 않을 수 없습니다. 역시 마음 공부는 수학 공식처럼 명료하게 풀 수 있는 문제가 아닌 것 같습니다. 그래서 한번씩 치르고 난 경험들이 또 다른 모양으로 다가오기도 하고, 똑같은 어리석음을 되풀이하기도 합니다.

우리는 어차피 이런 반복을 통하여 비로소 참된 것에 눈뜨게 되는가 봅니다.

"반복의 정신을 잃으면 수행은 상당히 어렵게 될 것이다."

스즈끼 스님의 말씀입니다. 그러므로 일상에서 수행의 반복은 면역의 기능이 아니라 깨침의 과정이 되어야 함이 마땅한 일이겠지요.

똑 똑 똑.

빗소리가 더 가깝게 들리는 듯합니다. 한 수행자가 가지는 고독의 무게는 이런 날 더 심해지는 게 아닐까요. 오늘 아침 숲길을 걸으며 도반이 이렇게 말했습니다. 가을은, 철저하게 고독해야 함을 다시 한번 깨닫는 계절이라고. 철저하게 고독해진다는 것은 상대적인 기준이 아니라 절대적인 기준일 타입니다. 우리는 모두 고독한 존재입니다.

수행자는 절대적인 삶의 기준에 길들여지지 않으면 외로움의 늪에 갇히기가 쉽습니다. 대상이 있으면 더불어 기뻐함을 배우고, 혼자 남으면 그 홀가분한 기분을 내 것으로 만들 줄 알아야 한다는 뜻이지요.

그러나 가을이면 치르는 이런 홍역은 젊은 스님네가 만날 수 있는 마장의 한 부분임이 틀림없습니다. 그래서 가을엔 걸망 하나로 운수객이 되고 싶은 마음이 간절해지지요.

중국의 원통圓通 법수法秀 선사는 눈 오는 날에 부쳐 수행자를 세 가지로 평가하였습니다. 눈이 내리는 날 어떻게 하는지에 따라 그 근기를 살핀 것이지요. 곧 가장 빼어난 승려는 승당 안에서 좌선을 하고, 중간쯤 되는 승려는 붓을 들고 시를 지으며, 가장 못난 승려는 화롯가에 둘러앉아 먹고 떠든다고 하였습니다. 오늘 밤처럼 비오는 날, 원초적인 감정 앞에서 힘들어하고 있는 내 모습을 보았다면 법수 스님이 뭐라 하며 꾸짖을까 생각하니 얼굴이 화끈 달아오릅니다.

이 가을비가 그치고 나면 산중의 날씨가 퍽 쌀쌀해질 듯합니다. 내일은 긴 소매가 달린 두꺼운 옷을 꺼내 입어야 하겠습니다.

아랫절로 나 있는 작은 숲길엔 벌써 단풍이 번지고 있습니다. 밤이 꽤 깊었습니다. 삼경을 알리는 종소리를 듣고도 오랜 시간을 뒤척뒤척 하였으니 말입니다. 다른 날보다 군불을 일찍 지피고 장작개비도 몇 개 더 넣었습니다. 이런 날 방까지 썰렁하면 잠을 더 이루지 못할 것 같아서지요.

출가 정신은 하루에 황금 만 냥을 쓰는 삶이라고 했는데 쓸데없는 망상으로 소중한 시간을 다 보내고 말았습니다. 가을이 깊어가는 소리가 빗줄기에 실려 옵니다.

일상의 질서

아침 나절에 광목옷을 꺼내어 풀까지 먹여 놓으니 한결 마음이 밝아 온다. 베옷은 역시 풀을 빳빳이 먹여야 제 모습이 나는 법이다. 그래서 베옷은 꽤 부지런해야 입을 수 있는 옷이다.

풀 기운이 다 없어지도록 입고 있으면 어쩐지 마음마저 느슨해지는 것 같다. 그래서 자주 풀을 먹이곤 한다. 수행자는 베옷의 풀 기운처럼 정신이 살아 있어야 한다. 손이 많이 가긴 해도 베옷이 수행자의 품위를 지켜 주기 때문이다. 아무튼 잘 손질된 베옷을 입으면 마치 어릴 적에 새옷을 입던 기분이랄까. 그 서걱서걱한 촉감이 좋고 더불어 정신까지 맑아지는 듯하다.

늘 빳빳이 풀 먹인 옷에다 걸망을 메고 여러 선방을 다니며 공부하시던 사숙 스님 한 분을 알고 있다. 옷이 해지면 꼭 손수 기워 입곤 하던 그분의 풍모와 눈빛이 참으로 수행자다워 행자 시절에 무척 존경했다. 수행자는 검소함이 몸에서 절로 흘러야 하고 무소유가 생활의 근간이 되어야 함은 말할 나위가 없다.

먹물빛은 곧 검소함과 통한다. 옷 치장도 욕심을 내면 결코 다른 것에 뒤지지 않는다. 그래도 아직 스님들에겐 무명이나 광목에 물들인 승복이 더 일반적이다. 대개 성직자의 제복을 무채색의 단색으로 제한하는 것도 자칫 조장될 수 있는 사치를 통제하고 스스로 검약한 삶을 실천하겠다는 약속이다. 그런 까닭에 좋은 천으로 지은 승복을 입었다고 해서 수행자의 모습이 돋보이는 것은 아니다. 수행자는 자기 점검의 눈빛이 살아 있을 때에야 비로소 그 여실한 모습이 훤히 드러나 보인다.

밖을 내다보니 그새 옷이 많이 말랐다. 잔잔한 기쁨은 늘 이렇게 조그만 일상의 일에서 비롯되는 모양이다. 오관을 통해 느끼는 즐거움은 잠시 나타났다 사라지는 거짓 감정. 그러나 일상을 내 것으로 만들 때 배어나오는 잔잔한 감동은 참다운 기쁨이다. 그 기쁨은 오랜 여운으로 삶을 촉촉이 적셔 준다.

누구나 경험하는 사실이겠지만 일상의 질서가 들쭉날쭉하면 마음도 같이 어긋나게 된다. 그래서 작은 일도 미루지 말고 내 것으로 만들고 볼 일이다.

어제는 판전 뒤로 나 있는 숲길을 걸었다. 후두둑 발 아래로 떨어지는 도토리를 보고 새삼 가을의 깊이를 느꼈다. 이제 조금 있으면 도토리를 주우려고 사하촌寺下村 아낙네들이 여기저기 나타날 것이다. 지난해엔 아랫절 비구니 스님들이 도토리를 주워 묵을 만들어서 공양을 내었는데 올 가을엔 도토리 줍는 일을 그만둔 모양이다.

숲은 우리에게 많은 것을 준다. 잣 수확도 괜찮았고 송이도 빼놓을 수 없는 숲의 선물이다. 추석을 며칠 앞두고 도반 몇이 송이 캐러 가자며 산행을 청했지만 용기가 나지 않아 그만두었다. 송이는 다른 버섯과는 달리 자라는 밭이 따로 있어 찾기가 쉽지 않다. 서툰 솜씨에 괜히 송이밭만 망가뜨리기 십상이다. 그날 오후 눈이 매서운 도반은 여러 송이를 캐 왔다. 산중에선 이렇게 가을을 직접 피부로 느낄 수 있다. 새삼 숲이 주는 풍요함에 마음이 다 넉넉해진다.

숲은 미련 없이 모든 것을 툭툭 털고 만다. 아름다움의 본질은 계절의 질서에 순응하는 것이라는 걸 보여준다. 떠나야 할 시점에서 망설인다면 가을처럼 뒷모습이 아름답지 못하리라. 가을이 아름다운 것은 소유하려 하지 않기 때문이다. 열매든 잎이든 툭툭 떨구기 때문에 가을 숲은 맑고 가볍다. 소유욕에서 괴로움이 시작된다는 사실을 숲은 버림을 통해 거듭 깨우쳐 주고 있는 것이다.

중국의 유명한 방 거사는 아주 인색한 부호였다. 그는 어느 날 집에서 기르던 소와 말이 나누는 얘기를 들었는데, "나는 전생에 이 집에서 빌린 돈을 갚지 않았기 때문에 금생에 이런 몸을 받아 그 빚을 갚고 있다"는 소의 말을 듣고 그만 큰 충격을 받았다. 방 거사는 깊은 생각 끝에 전 재산을 바다에 던져 버리고 조그만 오두막에서 딸 하나 데리고 살면서 재가 불자의 조촐한 삶을 이루어 나갔다.

그 많은 재산을 바다에 내던지려 할 때 그는 잠시 이런 생각을 했다. 이 재산을 가난한 사람들에게 나누어 주면 그들이 잘 살 수 있지 않겠는가. 그러나 그는 재산을 남에게 넘겨주면 그들도 언젠가는 자기처럼 인색한 부호가 될지도 모른다는 생각에서 결연히 바다에 내던진다. 자신에게 원수가 된 재물을 누구에게 떠넘기겠느냐는 뜻에서.

그는 이런 노래를 읊었다.

사람들은 모두 돈을 좋아하지만
나는 순간의 고요를 즐긴다.
돈이 많으면 사람 마음 어지럽고
고요하면 진여眞如의 바탕을 드러낸다.

소유는 나를 구속하려 들지만 무소유는 가을 숲처럼 그저 맑고 넉넉할 뿐, 이밖에 다른 바람은 없다.

어느 보살님께

보살님.

여름 안거를 시작하고 오늘 첫 삭발을 했으니 벌써 보름이 지났음을 알 수 있습니다. 수행자에게는 삭발하는 일이 마땅한 본분사本分事이며 또한 일상이기도 합니다. 수행자는 보름마다 삭발하는 행위를 통해 세속적인 인습과 타성에서 거듭거듭 출가하게 됩니다.

오늘 같은 날에 간경을 하면 다른 때보다도 그 뜻이 확연히 다가오고 창음마저 맑고 기운차게 느껴지는데 그건 아마도 삭발이 가져다준 개운함이 정신까지 환하게 밝혀 주어서일 것입니다. 나태와 방일은 수행의 가장 큰 적. 그러기에 자기의 본분사에 충실하지 못하면 쉬 신심이 약해지고 수행 질서가 무너지기 마련이지요. 내면의 질서는 자기의 일에 충실할 때 비로소 열립니다.

되풀이되는 수행의 일상들이 때론 우리를 지치게 만들고 짜증나게 하지만 그것이 오히려 자기 실상을 점검하는 방법일는지도 모르겠습니다. 끝없이 거듭되는 수행 일상의 반복을 통해 어떤 질서에 길들여지게 되고, 또 그런 가운데에서 삶 자체가 새롭게 윤택해진다는 사실은 누구나 경험하는 일이기 때문입니다.

보살님.

며칠 전 저는 수데나 태자를 만났습니다. 수데나는 한 나라의 태자이면서 일찍이 "누가 무엇을 달라고 하더라도 기쁜 마음으로 베풀 것"을 서원했습니다. 그의 보시행으로 말미암아 태자는 결국 대신들의 모함에 빠져 궁성에서 추방되는 비운을 겪게 됩니다.

그는 부인 마드리이와 두 아들을 데리고 히말라야 산맥의 단특 산을 향해 갔습니다. 쫓겨서 가는 길에서도 그는 사람들이 요구하는 대로 무엇이든지 미련 없이 주었습니다. 마침내 목적지에 도착했을 때 그에게 남은 것은 아내와 허기진 자식들뿐이었습니다.

그곳에 살면서 보시의 덕을 찬양하던 수데나는 아내를 힘들게 설득하여 두 아이까지 남의 집에 주어 버립니다. 그런 수데나도 어느 날 나누어 주는 삶의 한계에 봉착하게 됩니다. 제석천이 추한 바라문으로 모습을 바꾸고 와서 자신의 아내를 요구하였기 때문입니다. 번민의 시간을 보낸 수데나는 이렇게 말하고 있습니다.

"모든 것을 보시했다 하더라도 가장 사랑하는 것을 보시하지 않는다면 보시를 하지 않는 것과 다를 바 없다."

부처님 전생 이야기에서 처음 이 수데나를 만났을 때 저의 의식 한 부분이 새롭게 트이는 기분이었습니다.

물론 인연 설화이기 때문에 얼마쯤 비현실적이긴 하지만 보시의 참된 정신이 행간에서 번득이고 있습니다. 설화엔 비논리적인 허구성이 간간이 등장하지만 그것에 질려 물러앉아 버리면 그 이야기가 지니고 있는 깊은 사상을 보지 못하게 됩니다.

보살님.

아직도 '가장 사랑하는 것을 주어야 한다'는 수데나의 독백이 귀에서 계속 울려 옵니다. 주는 일이 결코 위선이나 한순간의 충동으로 이루어질 수는 없음을 뼈저리게 깨칩니다.

나에게 필요 없는 물건을 남에게 주는 일에는 망설임이 없습니다. 그러나 아끼는 물건일수록 선뜻 줄 마음이 내키지 않는 게 우리네 살림살이입니다. 그러므로 보시의 참정신은 자신이 아끼고 소중히 여기는 것을 선뜻 나누어 주는 행동이라는 것을 가르치고 있습니다.

"만일에 가난한 사람이 보시할 재물이 없을 경우에는 남이 보시할 때에 수희심隨喜心을 일으켜야 한다. 수희하는 복보福報는 보시와 마찬가지여서 다를 것이 없는 까닭이다. 이는 아주 행하기 쉬운 일이니, 누구에게나 불가능한 일이 아니다."

이와 같은 인과경의 말처럼, 주는 일은 물질의 넉넉함에서 비롯되는 것이 아니라 마음의 넉넉함에서 싹튼다는 사실을 새삼 강조할 필요는 없겠지요. 그렇습니다. 결코 많이 차지하고 있는 사람이 부자가 아닙니다. 많이 나누어 주는 사람이 진정한 부자지요.

욕심의 근원은 인색한 데서 시작되는 어리석음입니다. 따라서 보시의 생활은 결국 자신이 맑아지는 일이며 소유의 속박에서 자유로워지는 일이지요. '가장 사랑하는 것'을 줄 수 있다면 오히려 그 보시의 기쁨은 그 어떤 재화로 환산할 수 없는 무가보의 공덕이 되리라 믿습니다.

이런 점에서 이 시대에 참된 부자가 몇이나 될는지 자문해 보니 조금 부끄러워집니다.

보살님.

지금 뜰에 상사초가 싱그럽게 돋아나고 있습니다. 이 꽃은 이름처럼 애절한 인연으로 삽니다. 잎이 먼저 말라 죽고 나서 한 달쯤 지난 뒤에 다시 동글납작한 싹이 돋아나 꽃대를 이루지요. 그 꽃대에서 백합 모양의 엷은 담홍색 꽃이 아름답게 피어납니다. 결국 잎과 꽃이 한 번도 서로 만나지 못하는 것이지요.

절 주변에는 상사초가 많이 자생하는데 옛날에 한 규수가 스님을 사모하다 죽은 애틋한 연정 때문이라는 노스님의 이야기를 듣고 보니 그것이 예사롭게 보이지 않습니다.

좋은 날 되십시오.

비 오는 날에

간밤에 비가 촉촉이 내린 모양이다. 새벽에 일어났을 때 숲이 후줄근하게 젖어 있었다. 산창山窓엔 연우煙雨가, 절강浙江엔 조수潮水가 좋다고 한 소동파의 시정을 알 듯하다.

산중에 살다 보면 날씨의 영향을 많이 받는다. 오늘처럼 비가 오거나 바람이 거세게 부는 날에는 심신이 더불어 무겁고 기분도 따라서 심드렁해진다. 눅눅한 날씨에는 괜히 짜증도 커진다. 아침나절에 지대방에서 사소한 일로 도반 둘이 목소리를 높였다. 평소처럼 어떤 도반이 장난스러운 몸짓으로 농담을 던진 것이 그만 다른 도반의 짜증을 돋운 것이다.

살아가면서 말을 하지 않을 때보다 말을 해서 후회하는 경우가 더 많다. 대중 생활에서 잘 산다는 것은 '말'을 잘 다스리는 일이라고도 단적으로 말할 수 있다. 법정 스님의 말씀이었지 싶다. "침묵을 거치지 않고 입으로 쏟아 내는 언어는 한갓 공해에 지나지 않는다."

말의 뿌리는 침묵. 우레와 같은 침묵의 시간을 갖지 않고는 내면의 정화가 되지 않는다. 그래서 침묵의 체로 거르지 않은 말은 상대방의 마음을 상하게 만들기 쉽다. 함부로 말하는 것은 마치 칼을 함부로 다루는 것과 같다. 무기로 나를 해치려는 것보다 악담으로 나를 모략하는 사람이 더 무섭다. 경전에 이런 말이 있다.

말의 화살을

가벼이 던지지 말라

한번 사람에게 박히면

힘으로는 빼낼 수 없다.

言出如箭 언출여전

不可輕發 불가경발

一入人耳 일입인이

有力難拔 유력난발

  우리가 입으로 뜻을 전하는 언어는 가장 단순하고 낮은 말이다. 좀 더 높은 말은 눈과 눈이 마주치는 일이고, 그보다 높은 것은 마음과 마음이 오가는 일이다. 진실이 배경이 되지 않으면 진정한 대화가 오갈 수 없다. 진심이 깃들지 않은 말은 향기 없는 꽃. 언어의 절제가 곧 수행의 첩경임은 두말할 나위가 없을 것 같다.

  봄비 이야기를 더 해야겠다. 눈 온 뒤보다는 비 온 뒤의 청렬淸洌이 더 좋다. 순백으로 쌓이는 눈은 아름답기는 하나 녹을 때는 밉고 질퍽하다. 비처럼 담백한 뒤끝이 없다. 비 갠 날 오후는 얼마나 눈부시고 찬란한가.

  비 갠 뒤 산을 바라볼 수 있어 나의 산거는 더욱 윤택하다. 먼 계곡에서 피어오르는 안개가 산자락을 휘감아 도는 정경은 봄비 내린 산사에서 누릴 수 있는 아름다움이다. 한 폭의 산수화처럼 환상적이다.

만날 때보다 더 친절한 헤어짐을 가지는 것, 그리고 시작보다 아름다운 결과를 만드는 일은 결코 쉽지 않다. 새삼스러운 말이지만 한 사람이 차지하는 공간의 범위와 정신의 무게는 그가 떠나간 뒤에 확연히 다가오는 법이다.

비 갠 날 아침처럼 싱그럽고 맑은 기운이 내 삶의 길을 든든하게 받쳐 주었으면 한다. 어느 날, 내 살던 이곳을 떠나더라도 봄비 지나간 뜨락의 느낌과 같이 고요한 성품을 지닌 수행자로 기억해 주었으면 좋겠다. 새삼 비의 속성에서 '아름답게 떠나는 일'을 배운다.

비가 봄 뜰을 촉촉이 적시고 있다. 지대방에 가지런히 널린 세탁물을 보니 괜히 궁상스러운 생각이 든다. 평소엔 꽤 호기롭게 정진하다가도 왜 이런 날엔 간간이 엉뚱한 감상으로 빠져드는지 모르겠다. 며칠만 앓아누울라 치면 평소에 자신 있게 소리치던 도반이 이내 시들해지고 마는 것과 비슷한 현상이다. 수행자의 그 푸른빛 기상 뒤에도 이처럼 심약한 그늘이 있는가 보다. "평범하게 살고 싶어 하산한다"는 말을 남기고 떠나 버린 도반이 문득문득 그리워지는 것도 세속적인 인습에 타협하여 적당히 안주하려는 내 심약한 그늘의 한 부분은 아닐는지.

긴 겨울을 지내고서 앓고 난 환자처럼 수척해 보이던 숲이 하루가 다르게 생기를 찾아간다. 어제 판전 뒷길에서 노랗게 꽃을 피우고 있는 산수유를 보았다. 여기 산에선 가장 먼저 봄을 알리는 게 바로 산수유다. 산수유는 향기가 은은하여 멀리서도 들을 수 있다. 냄새는 맡는 것이고 향기는 듣는 것(聞香)이란다.

이제 이 비 그치고 나면 숲은 봄소리들로 투닥거릴 것이다. "삼월 구강九江에 두견새가 오니 한 번 우짖는 소리에 꽃 한 송이가 핀다(九江三月杜鵑來 一聲啼得一花開)"는 진달래. 그 붉은빛으로 숲은 새롭게 깨어날 것이고 뒤란의 목련도 그 은밀한 신비를 드러낼 것이다.

사월이 오는 빗소리는 그래서 한결 정겹다.

묵은 일기장에서

1

법당 마루에 앉아 일몰을 바라보는 즐거움이 하나 더 생겼다. 대숲 사이로 넘어가는 그 황홀한 낙조落照에 탄성을 지르지 않는 스님네가 없다. 송광 팔경이 그냥 나온 말이 아님을 알겠다.

노을을 즐기는 일이 좋아 숲길 걷는 포행을 그만둔 지도 며칠 되었지 싶다. 일몰의 그 은은한 빛을 배경 삼아 나누는 대화는 다른 때보다 훨씬 정감이 묻어난다. 선방 스님 한 분은 우연히 송광사 일몰을 바라보다가 저도 모르게 눈물을 흘렸다고 회고했다. 일몰은 이처럼 우리 수행자의 정서를 여리게 만들기도 한다. 때로는 나 자신이 한 폭의 그림 속에 서 있는 것 같은 착각을 일으키기도 한다.

그래서 옛 스님은 이렇게 노래했다.

아련히 들리는 피리 소리
매화꽃 뜨락에 가득
얼굴을 스치는 봄바람
해당화 지는 저녁 노을

一聲玉笛起高樓 일성옥적기고루
狼籍梅花滿地休 낭적매화만지휴
一陣西風吹面過 일진서풍취면과
夕陽摠在海棠花 석양총재해당화

부도전 법당 기둥의 주련 글이다. 누가 지었는지 정확히 알 수 없으나 시정이 넘치는 게송임은 분명하다. 이런 멋진 시상을 떠올린 옛 스님의 유유자적한 미음 공부가 정말 부럽다. 그때 정말 꽃잎 지는 소릴 들을 수 있을 만큼 뜨락에 꽃나무가 가득했을 게다. 꽃이 지는 소리를 분명히 보았던 옛 스님의 마음 소식을 내가 어찌 알 턱이 있겠는가. 어제 내린 봄비에 뜨락엔 매화 꽃잎이 여기저기 떨어져 있다.

2

사시 공양 뒤에는 좀 여유가 있다. 우리 산방으로 이어지는 오솔길은 제법 운치가 넘친다. 죽림竹林 사잇길도 그렇고 하나하나 놓인 돌계단을 오르는 일도 즐겁다. 대밭에 자생하는 차나무에선 새순이 파릇파릇 돋아나고 있다. 곡우 지내고 찻잎을 따서 손수 법제하리라.

오늘은 내친김에 삽 한 자루를 들고 나섰다. 대밭 여기저기 자라나는 춘란을 옮겨 심을 요량으로 팔뚝을 걷어 올린 것. 언제부터인가 해야겠다고 생각만 해 놓고 이제야 시작하는 일이다. 마음을 내기까지 우린 많은 사량 분별의 과정을 거치니 더딜 수밖에 없다. 좀 더 단순해지면 금세 행동할 수 있는 것을.

새로 뿌리를 내리는 난이 많다. 잎이 곱게 늘어지고 윤기 나는 빛깔을 골라 한 삽 떠 내면 쉽게 난 하나를 얻을 수 있다. 그리고 흙을 털어 내고 새로 돋아난 뿌리만 남겨 두고 가위질해 주면 일은 대충 끝나는 셈이다.

난은 아주 예민한 식물로 소문나 있다. 그런데 이곳에 자생하는 난은 그 기질이 아주 끈질기고 자생력이 무척 강하다. 조금만 신경 쓰면 파릇파릇 윤기 있게 잘 자란다. 이처럼 관리하기가 쉬운 덕분에 스님들 방마다 대개 난분 몇 개는 놓여 있다. 물을 자주 주면 뿌리가 썩는다느니, 영양 공급이 제대로 안 되면 잎이 타들어 간다느니 하는 상식이 없어도 우리 밭의 난은 쉽게 키울 수 있어 좋다.

매사에 덤벙거리는 내 성격으로는 아주 까다로운 난을 키우기란 어림도 없다. 그런데 이 난은 물만 한 번씩 주면 그만이다. 무슨 이름 있는 좋은 난에 비할 바는 못 되어도 격자창이 있는 우리 방에 썩 잘 어울릴뿐더러 쭉 빠진 난분에 심지 않아도 그런대로 멋을 풍긴다. 썩은 나무에 골을 파서 난을 심어도 꽤 근사한 작품이 된다.

물기 없는 방에 그래도 난분 몇 개라도 놓아두면 분위기도 부위기려니와 싱싱한 수액이 도는 듯 느껴진다. 그게 좋아서 한 분 두 분 모으다가 그 재미에 빠져 시간을 뺏길까 겁난다. 쉽게 무엇에 빠지고 금세 친해지는 성격이기 때문이다. 여러 개 만들어서 내 산방을 찾는 손님에게 하나씩 선물할 생각이다. 새로운 것 하나를 가지는 일이 이토록 좋을까. 주려고 가지는 즐거움은 소유욕과는 좀 다른 감정이 아닐까 싶다.

··· 뒷 이야기

한 달쯤 키우다가 난분을 모두 옆방 스님에게 주었다. 내 성격

탓도 있겠지만 가만히 앉아서 난향을 즐기겠다는 발상 자체가 어리석었다. 옆방 스님은 난을 아주 아끼는 편이었고 나는 그렇질 못했다. 한날한시에 물을 주어도 도반의 분은 윤기가 흐르며 잘 자라는데 내 방의 분은 갈수록 시들시들하더니 잎까지 조금씩 타들어 가는 게 아닌가.

며칠은 그 까닭을 알지 못하고 수선을 떨었지만 어느 날 깨달았다. 식물도 감정을 느낀다는 사실을. 나는 난분을 그저 장식품으로만 놓아두고 정성과 관심을 기울이지 않았던 것이다. 그 난과 나 사이에는 교감이 없었던 것이다. 비로소 옆방의 그 은은한 난향이 그냥 얻어진 게 아님을 알았다.

물만 주면 될 줄 알았는데 애정 없는 내 마음을 알아차린 식물에게 얼마나 미안했는지. 사람의 대화는 어쩌면 아주 저급한 방법일는지도 모른다. 말없이 마음의 소리를 알아듣는 식물을 보면 말이다. 어쨌든 옆방으로 옮아간 난은 믿기지 않을 만큼 잘 자라 주었다.

그저 멋을 내자고, 또 남들이 한다고 해서 섣불리 흉내낼 게 아니라는 산 경험을 또 하나 배웠다.

수리수리 마하수리

　행자 시절에 하심下心과 묵언默言을 잘 지키지 못해 혼이 난 적이 많았는데, 처음 꾸지람을 들은 일은 오랫동안 잊혀지지 않는다.

　어느 날 새벽에 일어나 예불을 올리기 위해 법당에 오르면서 무심코 옆 자리의 행자님과 말을 나누었다. 예불이 끝난 뒤 원주 스님이 새벽 예불을 올리기 전까지는 묵언을 해야 하는데 그 규칙을 어겼다며 108배 참회를 하라고 하였다. 그때 행자복이 땀에 젖도록 절을 하면서 묵언 규칙의 중요성을 깊이 인식하게 되었다.

　절에서 하룻밤을 묵은 이들은 알겠지만 스님들은 새벽 예불이 시작되기까지는 묵언을 하고 서로 인사도 나누지 않는다. 이것은 하루의 시작을 찬탄과 예경으로 열기 위한 거룩한 의식이다. 일어나서 가장 먼저 내뱉는 첫마디가 부처님의 공덕을 찬탄하고 공경하는 예불이 되어야 한다는 의미이다. 잠에서 깨어나 처음으로 부처님께 문안을 드리는 의식이 예불이다. 그래서 가끔 새벽에는 '스님들이 인사를 해도 외면한다'는 오해를 신도들한테서 듣기도 한다.

　다시 말하자면, 눈을 떴을 때 염불하는 일이 첫 일성一聲이 되어야 하고, 하루를 시작할 때 눈으로 가장 먼저 친견해야 할 대상은 부처님이라는 것이다. 즉 이 규칙은 하루의 첫마디는 남을 찬탄하는 일이 되어야 하며 하루의 첫 인사는 감사가 되어야 한다는 뜻이다.

　천수경 첫 문장에 나오는 정구업淨口業 진언의 뜻도 알고 보면 찬탄과 감사의 내용이다. '수리수리 마하수리 수수리 사바하'라고 하는 이 염불은, '당신을 존경하고 정말 좋아합니다'라는 칭찬의 뜻이다.

요즘 모 방송사의 '칭찬합시다'라는 프로그램이 장안의 화제가 되고 있다. 이 프로그램의 칭찬 릴레이가 사회 현상으로 이어지고 있다니 흐뭇한 일이 아닐 수 없다. 어떤 회사에서는 사원들의 벌점 누적 점수를 모두 없애고 서로를 격려하는 분위기로 만들었고, 어떤 관공서에서는 하루 한 번 동료를 칭찬해 주는 운동을 전개하고 있다고 들었다.

실제로 상대방을 꾸짖기보다 칭찬을 해 주면 일의 능률도 향상되고 엔도르핀 생성에도 많은 도움을 준다고 한다. 이런 심리 현상을 심리학자 로젠탈은 피그말리온 효과라고 하는데, 칭찬과 격려 한마디가 잘못을 지적하거나 나무라는 말보다 몇 배의 효과를 발휘한다는 주장이다.

그런 점에서도 일찍이 찬탄과 예경을 통해 중생을 제도하고 인간의 존엄성을 강조하신 부처님의 혜안이 존경스럽다. 법화경에 등장하는 상불경 보살의 행원을 보더라도 우리 절집에서는 이미 오래 전부터 칭찬 운동을 해 온 셈이다.

우리는 대체로 남을 칭찬하는 일에는 인색하고 자신에게는 관대하기가 쉬운데, 남의 행동이나 모습을 찬탄해 주는 일이야말로 참다운 보살행이다. 남을 미워하고 시기하는 일은 자기 자신의 어두운 마음의 또 다른 표현이다. 자신의 마음이 밝으면 아름다운 모습만 보이는 법이다.

따라서 업식業識의 전환이 무엇보다 필요하다. 남을 칭찬하면 내 마음의 뜰이 넉넉해지고 고요해진다. 보살이 끝없는 찬탄으로 원력을 삼듯 우리는 마땅히 남에 대한 존경과 감사로 살아야 할 것이다.

　살다 보면 입으로 복을 짓기도 하고 화를 만들기도 한다. 날마다 칭찬하고 공경하는 말을 한다면 그 행동이 구업을 맑히는 수행이 되리라. 내가 칭찬 받으려면 먼저 남을 칭찬하는 습관부터 가져야 할 것이다. 오늘부터 아침에 일어나면 거룩한 찬탄으로 하루를 시작했으면 좋겠다.

여름 안거를 막 시작했을 무렵, 어느 비구니 스님의 영결식이 산내 조그만 암자에서 치러졌다. 그날 아침부터 하늘에 구름이 어둡게 깔리더니 영결식이 시작될 즈음엔 금세 한 줄기 소나기라도 쏟아질 듯했다.

그 니(尼)의 영전은 향연만 오롯할 뿐 더없이 조촐하였다.

날 때에는 어느 곳으로부터 왔으며
이제 어느 곳으로 향하여 가는가.
삶과 죽음은 한 조각 구름이
일었다 사라지는 것과 같은 것.
뜬구름은 본디 실체가 없는데
오고 감이 없는
뚜렷한 한 물건은 무엇인고.

평범하게 살아온 한 가난한 수행자의 입적이라는 사실에 새삼 숙연해졌다. 다비장으로 오르는 황톳길은 질퍽했고 후두둑 떨어지는 빗줄기 속에서 그 니의 다비는 시작되었다. 기름을 붓고 불을 붙였다. 불길은 무녀의 춤인 양 살아서 큰 부피를 이루며 장작더미를 태워 갔다. 하늘을 덮은 뿌연 연기가 차츰 맑아질 무렵 빗줄기는 점점 굵어졌다. 결국 스님들은 하나 둘씩 다비장을 내려가기 시작했고 그 니의 육신은 외롭게 타들어 갔다. 빗줄기 때문에 화력이 약해진 탓인지 장작더미에 일꾼 하나가 연방 석유를 뿌려 주고 있었다.

어느 입적

육신을 활활 태울 연*마저 그 니에게는 주어지지 않았을까. 그 니의 상좌^{上座}와 도반인 듯한 스님 몇이 남아 합장을 하고 염불을 외는 동안에도 빗줄기는 계속되었다.

나무아미타불.

한량없는 목숨의 바다를 건너 다시는 고해로 오지 말라는 염원. 우리도 언젠가 생멸^{生滅}의 통로를 따라 짙은 흙빛으로 돌아갈 것이라는 생각에 무상 한 가닥이 가슴을 저미는 듯했다.

조그만 암자를 지켜 오면서 철마다 대중을 모아 참선에만 진력한 그 니의 이력을 안 것은 한참 뒤의 일이다. 그래서 눈물 훔치는 신도 하나 가지지 못했을까. 그 니의 업적을 통해 참으로 검소한, 그리고 조금은 초라한 수행자의 삶을 확인하였다.

출가하는 일을 어찌 작은 일이라 하겠는가. 그것은 위대한 버림을 통해 가능한 일. 출가하는 길은 결코 화폭에서나 느낄 수 있는 낭만적인 행위가 아니다. 만일 자신과 삶에 대한 뚜렷한 문제의식 없이 생활이 주는 권태로부터 도피할 양으로 산을 찾았다면 그 사람은 더 큰 실망과 회한을 안고 산문을 내려갈 것이다. 선사 스님의 행장을 읽다 보면 발심^{發心} 출가가 확연한 깨달음을 준다는 사실을 알 수 있다.

지금 우리 승가에 절실히 필요한 것은 건전한 출가 정신으로 사는 일이다. 그렇지 않으면 세월은 우리를 배부른 타락승으로 만들지도 모른다.

삭발하는 날에는 큰법당에서 조실 스님의 법문을 듣는다. 보름마다 돌아오는 삭발일은 그동안의 자기 공부를 점검하고 출가 본분사에 충실한 수행이었는지를 살피는 날이라고 할 수 있다. 공부하는 젊은 스님들이 법당을 가득 채운 모습은 좀처럼 보기 힘든 광경이다. 더군다나 이제 막 삭발한 뒤라 용모까지 훤칠하게 드러나니까 신도들도 절로 환희심이 나서 합장을 하고 말한다. "스님들이 공부하고 있는 모습을 보면 그렇게 좋을 수가 없어요. 제 마음에서 어떤 알 수 없는 기운이 막 솟아나는 것 같아요."

이제는 출가에 대한 일반의 인식이 많이 바뀌었음을 알 수 있다. 예전에는 미남형의 젊은 스님이라도 지나가면 '무슨 사연이 있어 저렇게 머리를 깎았을까?' 궁금해하면서 아쉬운 듯한 눈길을 보내고 혀를 차는 이들도 있었다. 그런데 지금은 젊은 나이에 마음을 내어 출가하는 일에 대체로 호의적이다.

출가인은 삼의일발三衣一鉢을 갖추고 무소유의 삶을 살게 된다. 우리가 감당해야 하는 괴로움도 알고 보면 끊임없이 일어나는 소유욕의 무게 때문일 것이다. 소유는 중생의 마음이고 무소유는 보살의 마음이다. 그렇다고 아무것도 가지지 않는 성취 없는 삶을 살라는 얘기는 아니다. 무소유는 꼭 필요한 것만 가지는 자세를 말한다. 그래서 보살의 무소유 정신을 배우자는 것이다.

내가 하나를 가짐으로 말미암아 여러 사람이 피해를 본다면 그것은 그 하나의 소유가 건전한 소유가 아니기 때문이다. 보살의 삶은 자리이타自利利他의 정신을 구현하는 것으로 다른 이의 마음을 먼저 생각한다. 가장 아끼는 것을 주는 행위가 진정한 보시라고 가르치는 보살의 정신 앞에서 아직도 '소유의 하루'를 만들고 있는 우리의 생활 태도를 진정 부끄러워해야 할 것이다.

우리의 삶은 어차피 희로애락을 되풀이하면서 살기 마련이다. 부처님의 근본 가르침이, 즐거움을 구하는 일에 신경을 쓰는 것이 아니라 자유로워지는 일에 최선을 다하라는 것임은 다 알고 있는 사실이다. 즐거움과 괴로움은 늘 상대적이어서 한쪽으로 치우치면 오히려 고통이 되고 만다. 즐거움도 지나치게 탐닉하면 오히려 자신을 해치게 되고 인성을 거칠게 만들어 괴로움이 되기 때문이다.

그래서 고락을 저울질하면서 아등바등 살 게 아니라, 스스로 그러한 상대적인 분별과 시비 속에서 벗어나 보면 참으로 널따란 자유를 얻게 된다. 그 널따란 공간이 바로 삶의 여유인 것이다. 먼저 불교적인 시각으로 세상을 바라볼 때 이러한 내면적인 사고의 뜰은 참으로 넉넉해진다. 모든 게 나를 공부시키는 스승이요 선지식이다. 당장 편안함을 얻으려 들지 말고 차근차근히 할 것, 그리고 정신은 번득이도록 살아 있을 것. 이러한 수행 방법을 우행호시牛行虎視라고 한다.

머리를 깎고 먹물 옷을 입는 세속으로부터의 출가보다는, 욕심과 시비에서 벗어나는 번뇌로부터의 출가가 더 어렵고 힘든 길임을 거듭거듭 실감한다. 승복을 입은 내 모습이 첫 번째 출가였다면, 사랑도 놓고 미움도 놓고 욕심까지도 벗어던지는 일은 두 번째 출가이다. 그런데 두 번째 출가의 길은 내게 아직 멀고도 험하기만 하다.

무슨 까닭인가.

근심을 푸는 곳

절 집안에서 화장실을 해우소(解憂所)라고 한다. 옛 스님들의 지혜와 해학이 엿보이는 이름인데, 참으로 옳은 말이다. 근심을 푸는 곳. 사실 화장실을 나올 때는 들어갈 때의 마음과는 비교가 되지 않는다.

집을 떠나 어디 여행이라도 할 때 설사병을 만나면 그것만큼 사람을 긴장시키는 일도 없다. 그것은 보통 큰 근심이 아니다. 그런 근심을 화장실에서 비워 내면 얼마나 시원한가. 그래서 배설의 본능은 일상에서 갖는 하나의 기쁨일 게다.

변소에는 측신(厠神)과 담분귀 같은 귀신이 살고 있다고 한다. 사람이 없을지라도 똑똑 하고 변소 문을 두드리고 들어가는 것은 이들에게 사람이 들어감을 알리려는 동작이다. 그래서 스님들은 일을 보기 전에 입측진언(入厠眞言)을 외우라고 가르친다.

입측진언은 말 그대로 변소에 들어갈 때 외는 일종의 주문 같은 것이다. 입측의 게송을 외워야 담분귀가 똥을 먹다가 비켜 준다는 것이다. 그러지 않고 곧바로 일을 보면 담분귀가 화가 나서 그 사람에게 발길질을 한다고 한다. 똥을 뒤집어쓴 바람에 화가 났기 때문이다. 담분귀에게 발길질을 당한 이는 이내 배탈이 난다고 율장은 이르고 있다. 화장실에 사는 중생에게까지도 자비의 마음을 아끼지 말라는 가르침이다. 가볍게 웃어넘길 일이 아닐 성싶다.

중국 당나라 때의 고승인 도선 율사는 계행이 청정하기로 이름난 분이었다. 어느 날 스님이 길을 가다 미끄러져 넘어졌다. 그때 누군가 와서 일으켜 세우는 이가 있었다.

"도대체 누구시길래 나를 일으켜 세워 주는 것이오?"

"네. 저는 북방 비사문천왕의 아들입니다. 스님의 계행이 청정하여 언제나 모시고 다닙니다."

"그렇다면 넘어지기 전에 잡아 주어야 할 것 아니오."

"스님을 가까이서 모시고 싶지만 몸에서 나는 구린내 때문에 삼십 리 밖에서 따라다니며 모시고 있습니다."

"그것이 무슨 말이오?"

"스님은 입측진언을 하지 않아서 늘 구린내가 남아 있습니다."

그 뒤부터 도선 율사는 변소를 드나들 때 입측주를 말하고 문을 두드리는 일을 잊지 않았다는 일화가 유명하다.

절 집안 변소로는 해인사를 꼽는다. 일을 끝내고 바지춤을 추스를 즈음에야 저 밑에서 떨어지는 소리가 들린다는 말이 나올 만큼 해인사 변소는 아래가 아득하게 깊다.

깨끗하기로는 송광사 불일암을 꼽는다. 너무 깨끗해서 팻말이 없으면 변소인 줄도 모르고 지나치기 일쑤다. 냄새가 나지 않는 점도 특징이다. 일을 보고 난 뒤 낙엽으로 배설물을 덮어 주는 일이 악취를 예방하는 비결인 듯싶다.

또 멀리 떨어져 있기로는 문경 봉암사가 유명하다. 선방채와 멀리 떨어져 있어 급할 때는 큰스님도 작은 스님도 뛰는 수밖에 없다. 그래서 봉암사 스님들은 이렇게 말한다. "오 분 일찍 일어나자."

아침 식전에 화장실에 가는 이는 건강한 체질이고, 식후에 가는 이는 그 다음이고, 일정한 시간 없이 들락거리는 이는 건강 조절에

실패한 사람이다.

입측진언은 이렇게 시작된다.

버리고 또 버리어 큰 기쁨 있어라.
탐진치食嗔癡 삼독도 이와 같이 버려
한순간의 죄업도 없게 하리라.

우리의 욕심도 날마다 배설하듯 비워 내는 일이 필요하지 않을까. 욕심이 넘치면 우리네 인성에서 뒷간에서보다 더한 악취가 나기 때문이다.

여행은 만행처럼

삶이 힘들고 똑같은 일상이 되풀이될 때 나는 버릇처럼 만행^{萬行}을 떠난다. 만행하는 수행길에서 만나는 여러 사람과 생경한 삶의 모습에서 현재의 내 자리를 돌아보고 이를 재충전의 기회로 삼는다. 아마도 만행의 시간이 내게 주어지지 않았다면 풀 죽은 화초처럼 시들시들한 삶을 살고 있을 것이다.

걸망에 인생을 담고 고행길을 떠나는 만행 무정처^{萬行 無定處}의 삶을 그래서 나는 사랑하고 열망한다.

출가하던 그해였던가. 계절이 바뀔 때마다 열병처럼 앓게 되는 운수병^{雲水病}을 어찌지 못해 전국 산하를 순례자처럼 떠돌면서 알 수 없는 마음의 실체를 찾아 나섰던 치기 어린 시절이 있었다. 그러니까 이십대 때의 내 수행길에는 만행이 유일한 도반이었고 눈 밝은 스승이었던 셈이다.

사람에 따라서 여행의 빛깔이 다르지만 여행은 그 나름대로 자신을 대변한다. 자기 삶의 가식 없는 거울이다. 그 거울을 통해 지나온 시간을 만나고 아직 다가오지 않은 내일을 이야기하는 여행은 아름답다.

여행에 설렘이나 어떤 기대가 없다면 길 떠나는 자의 뒷모습은 아주 쓸쓸할 게다. 그렇지만 귀로의 발걸음이 배낭의 무게보다 가볍다면, 그 여행길은 분명 구도의 여정이 되었을 것이다. 삶의 무게가 고단하여 몹시 지치더라도 마치 감기 환자가 다음날 훌훌 털고 일어나듯 새롭게 일상을 시작하게 하는 것도 여행의 힘이다.

아무래도 일생에 한 번뿐인 여행을 말하라면 신혼여행이 최고의 자리를 차지할 것이다. 신혼여행은 가장 아름답고 행복한 여행이다. 얼마나 달콤하고 꿈결 같으면 신혼여행을 밀월蜜月이라고 표현했겠는가. 그만큼 사랑이 소중하고 세상에서 가장 엄숙한 이성 간의 약속을 실천하는 여정임을 암시하고 있다.

그처럼 단꿈에 젖어 있는 까닭에 신혼여행은 아쉬움과 미련이 남는 여행이다. 사랑의 시간은 늘 짧고 번개처럼 지나가는 탓이다. 신혼여행은 미래를 꿈꾸고 그 꿈이 영원할 것이라고 믿는 시간이다. 인연이 소중하고 감사하다는 것을 가슴으로 느낄 수 있다면 신혼여행은 더욱 값지다.

거꾸로 최악의 여행을 굳이 꼽으라면, 인생을 마감하기 위해 떠나는 자살 여행이 아닐까. 다시 말해 세상과의 마지막 작별 의식을 치르기 위해 공간 이동을 하는 셈인데 이러한 여행은 어둡고 스산하다. 그래서 자살 여행은, 감행하는 이도 적지만 모두가 떠났던 길을 따라 다시 돌아온다. 스러질 듯한 절망도 한 가닥 희망 앞에서는 시나브로 소생하기 때문이다. 가장 아름다운 용기는 육신에게 그 기회를 주는 일이다. 자살 여행은 그래서 비겁하다.

가장 멋진 여행으로는 혼자 떠나는 여행을 꼽을 수 있다. 여럿이 있을 때 자기 자신은 다만 반쪽일 뿐이다. 사람은 홀로 있을 때 비로소 온전한 자기 자신이 된다. 그래서 혼자 떠나는 여행은 당당한 자신의 실존을 찾아 떠나는 여로이다.

　혼자 떠나는 여행에 익숙해지지 않으면 그 사람은 현실에 안주하고 싶어진다. 다시 말해 모험심이 없는 나약한 사람이 되고 만다. 정말 여행을 즐기려면 혼자 길을 나서라고 권하고 싶다.

　또한 연인과 떠나는 여행은 사랑을 확인할 수 있는 실크로드가 되리라 믿는다. 그곳이 아름다운 것이 아니라 그 사람 곁에 서 있기 때문에 아름다운 곳으로 기억된다. 그래서 두 사람만의 추억이 있는 곳은 모두 명작의 무대가 되고 그들이 나누는 대화는 자연히 세상에 다시없는 각별한 로맨스가 되기 마련이다. 연인과 떠나는 여행은 결코 가난하지 않고 초라하지도 않다.

　친구와 떠나는 우정 여행도 예찬할 만하다. 친구와 함께하는 여행은 부담 없고 가식 없는 동행길이다. 가벼운 실수가 흉이 되지 않고 젊은 날의 객기도 용납되는 여행은 그리 흔하지 않아 퍽 값지다. 어디를 가든 그곳에는 웃음과 기쁨이 강물처럼 흐른다. 벗과 가까워지고 싶거나 친구를 알고 싶으면 여행을 떠나라. 젊은 날일수록 더더욱 좋다.

　내 경우에는 뭐니 뭐니 해도 자신의 공부를 점검하는 걸망 여행이 최고다. 선재동자善財童子가 선지식을 찾아서 구도 행각을 나섰듯 만나는 사람마다 법을 묻고 치열한 삶을 배울 수 있다면 그 길은 깨달음의 현장이다. 나는 오늘도 깨달음을 찾아 나서는 걸망 여행을 꿈꾼다.

다경향실

1

저녁 예불이 끝나면 어둠은 어느새 성큼 다가와 있다. 스님들이 한 분씩 공양방으로 모여든다. 가끔 차를 좋아하는 신도님들이 다회^{茶會}에 동참하기도 한다.

절마다 다각실이 있고 대중의 차 시봉을 위해 다각이라는 소임이 있다. 차 한 잔에 여유를 즐기고 도반과 정담을 나눌 수 있으면 산거^{山居}는 더없이 좋을 것이다. 그래서 다회가 늘 새롭게 느껴지는지도 모르겠다.

넓은 방에 주차상^{主茶床}을 중심으로 팽주^{烹主} 스님이 먼저 자리하고 옆으로 구참 스님이 정좌하고 있다. 마을에서 귀한 손님이 왔을 땐 스님 옆에 자리를 마련하여 준다. 빈객에 대한 예우이기도 하지만 원만한 대화를 위해서이다.

스님들은 팽주 쪽에서 볼 때에 옆모습이 되도록 순서대로 앉는다. 그리고 소임자 쪽으로는 임원과 일반인들이 스님들을 마주 보고 자리를 정렬하는 것이 좌석 배치의 원칙이다. 전체 모습은 부드러운 사각 모양을 이룬다.

"지금부터 다경원 다회를 시작하겠습니다."

소임자의 개회와 동시에 죽비가 세 번 울린다. 죽비 소리에 모두들 합장 반배로써 다회를 시작한다.

절 집안에서는 많은 말이 필요 없다. 말이 많으면 행동이 가지런하지 못하기가 쉬워 수행자는 묵언을 바탕으로 삼는다. 우레 같은 침묵을 통하지 않고는 내면을 볼 수 없음이다.

예부터 죽비는 법을 집행하는 성물로 위의와 기강을 세우는 경책의 도구로 사용되어 왔다. 죽비 소리 하나로 승단이 일사불란하게 유지되어 왔다 해도 지나친 말이 아니다. 죽비 소리는 또 모든 의식을 시작하고 마무리하는 신호이기도 하다.

죽비 소리로 다경원의 다회가 진행된다. 계속해서 소임자는 안건을 제시하고 새로운 회원을 소개한다. 외부 손님을 소개하는 일도 이때 하는데 그리 자주 있는 일은 아니다.

시작을 알리는 죽비 소리에 팽주를 맡은 스님은 가벼운 떨림으로 차를 우린다.

2

차가 잘 달여지면 차 맛이 한결 좋다. 차는 무엇보다도 진향眞香이 스며 나와야 한다. 옛사람들은 겉과 속이 한결같은 것을 순향純香, 설익지도 않고 너무 익지도 않은 것을 청향淸香, 불기운이 고른 것을 난향蘭香이라 하였다. 그리고 곡우 전에 따서 만든 우전차에서는 진향이 난다고 하였다. 차 맛은 조화가 무궁하다. 그러기에 이 네 가지 향을 살리려면 오랜 차 생활의 경험이 필요하다.

다회의 진행을 알리는 죽비 일성이 울리면 팽주 스님은 보온병에서 섭씨 100도의 뜨거운 물을 숙우에 받아 낸다. 그것을 다관에 부어 놓고, 다시 뜨거운 물을 숙우에 받아 식힌다. 찻물은 70도에서 80도쯤으로 식힌다. 물이 너무 뜨거우면 차의 신기神氣가 건실하지 못하기 때문이다.

물이 식기를 기다리는 동안 다관을 미리 데우느라 부어 놓았던 물을 찻잔에 골고루 따른다. 잔을 데우면서 소독도 겸하는 것이다. 그렇게 해서 다관과 잔을 헹군 물을 퇴수기에 버린 뒤에 다관에 차를 넣는다. 차의 양은 세 사람을 기준하여 3그램에서 5그램 정도로 넣고 물은 90밀리리터면 적당하다. 팽주 스님은 눈대중으로 짐작해 차를 떠낼 만큼 숙련되어 있다.

차를 우리는 방법은 차를 먼저 넣고 물을 붓는 하투下投와, 물을 먼저 붓고 차를 넣는 상투上投, 그리고 물을 반쯤 붓고 차를 넣은 뒤에 물을 마저 붓는 중투中投가 있는데, 계절에 관계없이 하투법을 많이 쓴다.

적당히 식은 물을 다관에 붓고 나서 이삼 분쯤 지나 찻물을 숙우에 따른다. 차 찌꺼기와 지저분한 것을 가라앉히기 위함이다.

숙우를 두 손으로 공손하게 쥐고 찻잔에 차를 나눈다. 잔이 가로로 놓인 경우에는 좌에서 우로 따르고, 잔이 세로로 놓인 경우에는 안에서 밖으로 따른다. 잔이 종횡으로 같이 놓였을 경우에는 안에서 밖으로 그리고 좌에서 우로 따르는 세심함을 보인다. 차를 직접 우리고 나누는 팽주는 대개 자신의 잔을 그 중 지저분한 것으로 하고 차도 맨 나중에 따르는 겸허함을 보인다.

차를 알맞게 나눈 잔들을 진다進茶상에 놓고서 회의를 진행하는 소임자에게 눈짓을 하면 진다를 알리는 죽비 소리가 또 한번 큰방을 울린다.

3

가끔 제자들은 부처님께 청법을 하곤 했다. 그럴 땐 언제나 대중 가운데서 상수上首 제자가 일어나 공경하는 마음으로 합장한 뒤에 법을 여쭈었다. 바른쪽 어깨를 보이고(편단우견偏袒右肩) 바른쪽 무릎을 꿇은(우슬착지右膝着地) 정중한 모습이었다. 편단우견 우슬착지의 예법은 인도에서 상대방에 대해 최상의 존경을 나타내는 방법이다. 다경원 다회에서는 우슬착지의 모습을 자주 볼 수 있다.

차반에 찻잔이 가지런히 놓이면 진다를 위한 죽비 소리 뒤로 소임자 스님의 일구一句가 이어진다.

"말씀 중에 죄송합니다. 차 한 잔 하고 계속하겠습니다."

스님 두 분이 일어나서 팽주 앞으로 나와 합장 반배를 하고 나서 우슬착지하여 차반으로 진다를 시작한다. 차반을 두 사람 사이에 놓고 우슬착지한 상태에서 봉다奉茶하는 모습이 참으로 여법하다. 상대방 스님은 합장으로 고마움을 나타낸다. 순서대로 진다가 끝나면 죽비 일성과 동시에 차를 마시는 음다飮茶의 시간이 마련된다.

찻잔을 두 손으로 정중히 감싸고서 잔의 따스함을 피부로 느끼며 천천히 음미한다. 차 공양의 고마움을 생각하면서 차향에 젖어보는 자리. 그러기에 여유를 가지고 여러 번 나누어 마신다. 좋은 차일수록 양이 적다.

차를 마실 때는 손님의 수효가 적은 것이 좋다. 많으면 아무래도 소란스러워 아담한 정취가 없기 때문이다. 그래서 다성 초의 스님은 동다송에서 혼자 마시는 것은 신神의 경지라 하고, 두 사람이 마시는 것은 승勝, 서너 사람이 함께 마시면 취趣, 대여섯 사람이 함께 마시면 범汎, 그보다도 많으면 시施의 분위기라고 하였다.

사람이 적을수록 좋다고는 하였지만 차는 언제 어느 때 누구와 마시더라도 좋음을 다경원 다회에서 느낄 수 있다. 차를 마시는 시간에는 모두가 묵언을 하기에 더욱 그러리라.

두 번째 잔은 다회가 한창 무르익을 때 나온다. 팽주 스님이 아마 세 번째 잔으로 다회를 끝낼 수 있도록 신경을 쓰시는 게다.

두 번째 잔부터는 숙우로 차를 돌리면 효과적이다. 팽주가 잘 우린 차를 숙우째로 앞사람에게 주면 받은 사람은 알맞은 양을 자신의 잔에 따르고 옆으로 넘긴다. 그래서 번거로움을 피할 수 있다.

다관과 숙우는 두 손으로 다루는 것이 공손한 모습이고 상대방을 존중하는 태도이다. 다경원 다회는 스님들의 식사법이 발우공양에 기준을 두고 진행되는데 번거로운 형식보다는 절도 있는 차 생활을 우선으로 한다.

4
스님들의 발우공양은 일상생활 가운데 중요한 수행의 한 부분을 차지한다.

공양 시간을 알리는 목탁이 울리면 대중 스님들이 큰방에 모인다. 발우공양을 하는 동안에는 죽비 소리로 모든 행위의 시작과 끝을 알린다. 단정한 반가부좌의 자세에서 발우는 몸에서 한 뼘 반쯤 앞에 놓는다.

　죽비를 한 번 두드리면 발우를 펴고 곧이어 진지進旨를 시작한다. 밥과 국을 나누는 진지 과정에서는 찬상을 들이고 물릴 때마다 오른쪽 무릎을 꿇으며 그 앞뒤로 반배를 하여야 한다.

　밥을 풀 때에는 살며시 눌러 잘 고르고 국은 돌려 저어서 국물과 건더기를 고루 떠야 하는 것이 공양작법이다.

　밥을 발우에 담는 일이 가장 어렵다. 숙련되지 않으면 한 주걱에 떠지지 않고 자꾸 흘러내린다. 잘 담은 밥은 밤톨 모양이다. 밥을 한 주걱에 떠 내어야 잘 하는 진지다. 그래야 밥알이 떨어지지 않는다. 어른 스님께 혼나지 않으려고 겨울에는 눈을 담아서 연습하고, 여름에는 모래를 가지고 밥 담는 연습을 무던히도 했다.

　죽비를 세 번 두드리면 합장하며 고개를 숙여 공양을 시작한다.

　단순히 주린 배를 채우려고 밥을 먹는 것이 아니다. 공양을 준비해 준 모든 분들의 수고로움에 감사하고 자신의 수행을 돌아보아야 하며, 일어나는 탐심과 방종을 다스리고 몸을 검소하게 하여 도업을 이루고자 하는 응공인 것이다.

　공양할 때는 수저 소리가 나지 않아야 한다. 음식 씹는 소리가 나서도 안 된다. 후루룩거리며 국을 먹어도 안 된다. 음식은 떠서 한입에 넣어야 한다.

　밥에 있는 뉘는 까서 먹을 것, 어시 발우에 비벼 먹지 말 것, 곁눈으로 휘돌아보지 말 것. 이런 까다로운 법도는 사미 시절에 배운다.

공양이 끝나면 발우를 씻는다. 어시 발우부터 차례로 씻고서 발건鉢巾으로 천천히 돌려 닦는다. 발우를 씻은 천숫물은 반드시 깨끗이 버린다. 아귀에게는 더없이 좋은 감로미가 되기 때문이다.

발우공양의 법도가 이렇고 보니 한 끼 밥을 먹으면서도 스님네는 엄격한 수행을 치르는 셈이다.

'발'은 범어梵語로서 '응기應器' 또는 '응량기應量器'라 번역된다. 발우공양은 많은 스님네가 공동 생활을 해야 하는 큰절에서 공양하는 번거로움을 최대한 줄여 합리적인 수행 생활을 할 목적으로 짠 듯하다.

다경원에서 행하는 다례의 모습과 순서는 이 발우공양 원칙에서 크게 벗어나지 않는다. 밥을 먹는 마음가짐과 몸자세 등이 단순히 맛을 위해서만 차를 들 수 없는 수행자의 정신과 일치하기 때문이다.

5

당나라 말기의 시인 노동盧仝이 지은 칠완다가七碗茶歌를 보면 차의 효능이 어느 정도인지 알 수 있다.

"첫 잔을 드니 목과 입술이 부드러워지고, 둘째 잔을 드니 고독과 번민이 쓰러지네. 셋째 잔에 마른 창자에 담겨 있던 쓸데없는 지식이 흩어지며, 넷째 잔에 이르니 내 평생에 불평스럽던 일들이 온 몸의 털구멍, 땀구멍을 통해 다 빠져나간다. 다섯째 잔으로 근육과 뼈가 맑아지니 여섯째 잔에서 선령이 통한다. 일곱째 잔에서는 얻을 것이 없구나. 오직 겨드랑이에서 시원하고 맑은 바람이 나옴을 깨달을 뿐이다. 봉래산이 어디 있느냐, 이 맑음 타고 돌아가고 싶다."

친구가 보내준 햇차를 마시고 선경을 노래했다.

차는 후딱 마셔 버리거나 연거푸 마시면 그 맛을 잘 느낄 수 없다. 차는 천천히 마셔야 차 향이 산다. 오랜 사색을 통해 삶의 철학을 터득하는 것과 같은 이치이다. 곧 음미하지 않고는 차의 오미五味를 발견할 수 없음이다. 차 일곱 잔에 선심을 구가하던 옛사람의 정신적 넉넉함이 부럽다. 차는 역시 정신생활에 이로운 것임에 틀림없다.

복잡한 현대 생활에서 차 한 잔의 여유는 몸과 마음의 피로를 싹 거두어 준다. 실제로 중년이 넘은 사람들에게는 밥을 먹은 뒤에 차를 한 잔 마시고 십 분에서 이십 분쯤 쉬는 것이 건강에 유익하고 소화 작용에도 도움이 된다는 사실이 임상 실험을 거쳐 입증되었다고 한다.

차를 마시면 맨 처음 혀끝에 와 닿는 것이 쓴맛이다. 녹차를 처음 맛보는 사람은 이 쓴맛 때문에 손을 내젓기 일쑤다. 그러기에 대개 녹차에 대한 첫 기억은 쓴맛으로 남는 모양이다.

차에서 쓴맛을 내는 성분은 위벽이나 위장을 자극하여 소화액의 왕성한 분비를 촉진하여 소화를 돕는다. 그래서 속이 거북할 땐 차 한 잔으로 상쾌한 기분을 되찾을 수 있다.

고진감래라는 옛말이 있듯 우리네 인생살이는 어려움이 있기 때문에 더욱 값진지도 모른다. 그 쓴맛으로 삶이 더욱 윤택해지니 말이다.

차의 맛도 그와 같다. 차의 그 쓴맛은 오랜 차 생활을 통하면 달콤한 맛으로 감기어 온다. 고락일미^{苦樂一味}, 차가 숨기고 있는 또 하나의 정신이라 할 수 있겠다.

우리 선방에서는 아침마다 율무차를 마신다. 율무를 몇 시간씩 푹 끓여 만든 그 맛이 일미라서 모두들 남기지 않고 한 잔씩을 다 비운다. 또 점심 공양 뒤에 구기자차와 과일을 나누며 소참법문을 듣는 일도 괜찮다. 대중이 많이 사는 선원에서는 이런 마실 거리들을 차 대용으로 즐겨 쓴다. 그래서 건강을 위해 한 잔씩 마시는 게 이제 버릇처럼 되었다.

달마전 한쪽에 있는 조그만 다실에서 따로 녹차 맛을 즐기는 스님네도 있다. 다각 스님들이 대중 스님들께 대용차가 아니라 날마다 녹차 공양을 올린다면 아마도 그 비싼 녹차값을 감당하지 못할 게다. 하지만 녹차는 사람이 많은 자리에서는 그 분위기를 제대로 갖추기가 어렵다는 게 대용차를 쓰는 더 큰 이유이다.

요즘 우리 다실에서는 보이차普洱茶가 꽤 인기가 높다. 떡차라고도 불리는 보이차는 중국 보이현의 특산차로서, 우리 녹차와는 그 만드는 방법이 크게 다르다. 보이차는 좋은 것일수록 빛깔이 부드럽고 윤기가 흐르며 오래 발효한 것일수록 상품이다. 우리가 마시는 보이차는 대개 삼사십 년쯤 묵힌 것이다. 백 년 이상의 나이를 가진 이름 있는 좋은 보이차는 마시고 나면 몸이 훈기를 받아 등줄기에 땀이 흐를 정도라고 한다. 최고 상품으로 알려져 있는 동경호나 경창호 차는 어떤 맛일지 궁금하다.

보이차를 즐겨 마시는 까닭은 무엇보다도 몸을 따뜻하게 해 주는 반발효 차이기 때문이다. 청차에 속하는 녹차는 사람 몸을 차게 만드는 까닭에 냉한 체질에는 잘 맞지 않는다.

보이차는 차를 마시는 법도 녹차와는 조금 다른데, 우리나라 찻그릇보다 크기가 작은 자사(紫砂) 다호를 갖추는 것이 제격일뿐더러 차 맛도 더 좋다. 먼저 보이차를 적당히 부수어 다관에 넣은 뒤에 뜨거운 물을 부었다가 처음 한 번은 그대로 따라 내어 버린다. 그리고 다시 다관에 뜨거운 물을 붓고 잠시 뒤에 따라 마시는데, 이러기를 꽤 여러 차례 거듭하여 마셔도 맛이 거의 한결같은 것이 보이차의 특징이다. 이렇게 마시는 동안에, 다관에 물을 부은 뒤 뚜껑을 닫고 그 위에 뜨거운 물을 또다시 부어 주는 모습이 인상적이다.

보이차가 좋긴 해도 아무래도 우리 녹차가 주는 개운한 뒷맛을 따를 수는 없다. 그래서 보이차를 마시고 나서, 우리 녹차로 마지막 입가심을 하는 스님네도 있다. 내 입맛에는 아직까지 지리산의 우전차가 으뜸이다.

가만히 보면, 차 마시는 법도 성격을 드러냄을 알 수 있다. 스님들의 행다는 가풍에 따라 조금씩 다르다. 물을 적당한 온도로 식혀 차를 우리는 것이 일반적인데, 끓는 물을 바로 부어 뜨겁게 마시는 스님네가 있는가 하면 진하게 우려내는 스님네도 있는 걸 보면, 사람에 따라 즐기는 차 맛이 다 다르고 독특하다. 상품일수록 적당한 온도에서 우려야 차 맛이 좋다. 물을 적당히 식히는 것은 물론 다신(茶神)을 살리기 위해서겠지만, 손잡이가 없는 찻잔은 물이 뜨거우면 마시기 힘들다는 실용적인 배려도 없잖아 있다. 몸으로 따뜻함을 느낄 수 있을 만큼의 온도가 적당하다. 커피처럼 뜨거워서 입으로 후후 불어 가며 차를 마신다는 것은 상상도 할 수 없는 일이다.

　나는 차를 싱겁게 먹는 쪽이다. 찻잔의 빛깔이 그대로 비칠 정도로 엷은 차를 좋아한다. 또 내가 팽객에게 따르는 차는 찻잔의 절반을 넘기지 않는다. 아주 조금씩 마실 수 있도록, 또 마시고 나면 모자란 듯한 기분이 들게 만든다고나 할까. 이슬방울 마시듯 음미하는 차 맛은 어느 제호醍醐에도 비길 바가 아니다.

　빈속에는 차를 잘 마시지 않는다. 식후다담食後茶談이 좋다.

　나는 지금껏 해인사 동구의 토우 다기土偶茶器를 쓰고 있다. 투박한 모양새가 우리 질그릇을 보는 기분이다. 무엇이든지 금방 싫증을 내는 성격인데 이 다기는 오래오래 보아도 물리지 않는다. 토우 다기는 스님들에게는 언제나 헐값. 옛날이나 지금이나 똑같다. 우리 다기의 원형을 간직하고 있어서 좋다. 외형적인 멋을 강조하는 요즘의 다기들과는 그 격이 다르다. 그리고 오래도록 차를 마시면 찻물이 배어 자연스럽게 예쁜 비정형의 줄무늬가 생기는 것도 즐겁다.

　뭐니 뭐니 해도 눈 오는 날 산창을 열어 놓고 혼자 즐기는 차 맛이 으뜸이고, 비 오는 날의 차 맛이 그 다음이다. 파초 잎에 떨어지는 빗소리를 들으며 마시는 차 맛은 수행자가 누릴 수 있는 청복이다.

　해인사 삼성각의 탱화가 내 눈을 번쩍 뜨이게 한다. 큰 노송 아래로 초가집이 보이고 봄 동산에 살구꽃이 만개한 풍경. 숯불을 헤치며 찻물을 끓이는 동녀의 모습이 전혀 낯설지 않다. 멀리서 동승의 휘파람 소리라도 들리는 듯하다. 개울가에서 물을 길어 오는 동승은, 살구꽃 가지를 꺾어 호리병 끝에 걸어 놓는 멋도 안다. 바구니에 담은 버섯으로 저녁 소찬을 만들 모양이다. 소나무 그늘에서 환하게 웃고 있는 산신은 늘 마주하는 우리네 노스님 같다.

 탈속의 경지를 표현한 듯한 이 그림은, 신앙적인 이미지보다는 민화 같은 토속적인 느낌이 강조된 듯하다. 마치 봄동산에서 다회를 즐기는 모습을 그린 한 폭의 동양화를 감상하는 그런 기분이다.

 다선일여茶禪一如란 이를 두고 하는 말일 게다. 한 잔의 차가 있으면 다향과 더불어 일상을 즐기고, 한 잔 차가 없는 날은 조촐한 여백이 주는 공부를 배워야 한다. 차 맛과 선열禪悅을 즐길 줄 아는 수행자가 참공부인. 그렇다면 내 공부는 또 얼마나 더 익어야 할꺼.

어느 스님이 화장실을 들르게 되었는데 그 화장실 내부에 이런 글귀가 붙어 있었다고 한다.

"多不有時."

무슨 사자성어인 줄 알고 이리저리 해석을 해 보았단다. 한문을 아무리 새겨보아도 그 뜻이 와 닿지 않아 궁금증을 풀기 위해 주인에게 물었는데 화장실을 뜻하는 W.C.를 소리 나는 대로 한문으로 적어 놓았다는 말을 듣고 한참을 웃었다고 한다.

식자우환識字憂患이라고, 많이 아는 게 탈이 된 셈이다. 너무 어렵게 따지면 오히려 정답을 놓칠 수가 있다.

언젠가 판화가 이철수 씨 집에 들른 적이 있다. 그곳에는 화장실을 알리는 표시로 어떤 아낙네가 시원하다는 표정으로 엉덩이를 까놓고 실례를 하는 판화 작품이 걸려 있다. 그런데 아이들은 금세 화장실임을 알아차리는데, 어른들은 심오한 뜻이 있는 작품으로 생각하기 때문에 화장실을 바로 눈앞에 두고도 찾지 못한다고 했다.

우리는 복잡한 논리로 따지는 데 익숙해져 있는 것 같다. 그리고 자신의 논리로 짜 맞추려고 하는 못된 버릇도 있다. 단순해지면 쉽게 정답에 접근하는 진리를 볼 수 있다는 사실을 잊고 지낼 때가 많다. 때때로 고정된 편견은 우리네 의식과 시각을 편협하게 만들기도 하나 보다.

선가禪家에 "달을 가리키면 달을 봐야지, 손끝은 왜 쳐다보나"라는 법어가 있다. 본질을 바로 보지 못하는 중생들의 어리석음을 꾸짖는 말이다.

단순해진다는 것은 불필요한 지식이나 관념에서 자유로워진다는 뜻이다. 아이들이 사물의 핵심을 잘 볼 수 있는 것은 축적된 경험이 적어서이다. 즉, 자기 기준의 잣대를 들이대지 않기 때문이다. 지나친 정보와 자기 과신은 섣부른 판단을 불러오고 그 기준은 자기 중심적이다. 특히 사람과의 관계에서 이러한 편견은 지극히 위험하고 주관적이다. 누구를 통해 배우는 것은 지식의 습득에 불과하다. 분별지分別智가 없는 참다운 판단을 불교에서는 지혜智慧라고 말한다. 축적된 지식은 선악미추를 분별하는 일에는 더욱 예민해진다. 그러나 참다운 지혜는 나를 밝히고 남을 밝히는 확 트인 행동이다. 이런 지혜를 '내외명철內外明徹'이라 한다.

요즘 EQ라는 말을 많이 하고 있다. IQ(지능지수)가 스승에게서 배우는 지식이라면, EQ(감성지수)는 지혜에 가깝다. 그래서 감성지수가 높은 사람은 누구보다 친화력이 뛰어나 대인 관계가 원만하다고 한다. 그만큼 가슴으로 대화를 하고 마음으로 뜻이 오가기 때문일 것이다.

때때로는 선입견으로 만들어진 안경을 벗고 복잡한 과정을 거치지 말고 그저 단순하게 세상을 바라볼 일이다.

삭발하는 날

제5장
지대방 이야기

단청 불사

지대방地臺房은 큰방에 딸린 작은 방을 말한다. 큰방에서는 눕거나 발을 뻗지 못하는 반면 지대방에서는 자유롭게 쉴 수가 있다. 일종의 휴게실인 셈인데 대화도 대부분 이곳에서 이루어진다. 구참과 초참이 어울려 진지하게 공부 얘기를 나누는 곳도 이곳이며, 걸쭉한 농담으로 배꼽을 쥐게 하는 곳도 바로 지대방이다. 따라서 지대방에서 쉬는 스님네가 적으면 그 철은 공부를 잘한다고 봐야 한다.

입방한 스님들의 얼굴이 웬만큼 익으면 지대방 조실을 추대하는 게 순서다. 선방의 조실은 법력으로 모시지만, 지대방 조실은 입담 좋은 스님이 차지한다. 조실은 지대방을 꼭 지켜야 하는 책임과 날마다 대중들을 즐겁게 해 줄 의무가 있다. 뛰어난 언변으로 늘 대중들을 휘어잡을 수 있어야 진짜 조실이다. 이번 철에는 봉암사에서 조실 노릇을 한 경력이 있는 통도사 스님을 만장일치로 추대하였으니, 한 철 동안 웃음소리가 끊이지 않게 생겼다.

지대방은 또 온갖 정보의 교환장이기도 하다. 건강에 관한 지식이나 정보도 다양하게 쏟아진다. 한때 전국 선원을 휩쓴 황룡탕(黃龍湯 : 오줌 요법) 열기도 바로 지대방 정보 덕분이다. 스님들이 많다 보니 아는 것도 가지각색이다. 그래서 한 철을 지내고 나면 지대방에서 듣고 배운 것만 해도 엄청나서 웬만한 상식쯤은 내 지식으로 만들 수가 있는데, 책 한 권 분량은 족히 되고도 남는다. 또 영화 몇 편이 스님들의 입을 통해 새로 상영된다. 영화의 장면들을 귀에 쏙쏙 들어오도록 이야기하는 것을 보면 입이 벌어질 정도다. 그러니까 가만히 앉아서 영화 구경을 다하는 셈이다.

지대방에서 만들어 내는 별명도 많다. 옷 손질을 잘하여 늘 빳빳한 풀옷을 입는 스님은 '빳빳존자', 떨어진 옷이나 양말을 잘 깁는 스님은 '낚시존자'라고 일컫는다. 낚시하듯 바늘을 잘 다루기 때문에 생긴 별명이다. '깔끔존자'는 결벽증 환자처럼 하루에도 몇 번씩 몸을 씻는 스님에게 붙는 별명이다. 버럭버럭 성질을 잘 내는 우리 원주 스님은 벌써 '냄비수좌'라는 별호를 얻었다. 별난 스님에 별난 성격들이다.

지대방 용어도 여러 가지다. 우리끼리 통하는 은어라고나 할까. 화엄법회라 하면 꽤 거창한 듯하지만 사실은 화투 놀이를 일컫는 말이고, 와선법회臥禪法會라 하면 잠자는 일을 말한다. 갖가지 변수가 많은 '고스톱' 놀이를 화엄법회라 하여 무궁무진한 화엄세계에 비유한 게 익살스럽다. 계란을 삶은 감자라 하고 오징어를 오처사, 극장을 안과라고 표현하는 것도 재미있다. 고기를 질긴 나물, 술을 곡차라고 하는 말은 이미 세간에 널리 알려진 은어이다. 단청 불사라는 말도 있다. 술을 마시는 일을 이르는데, 경허 스님의 일화에서 따온 말이다.

"잘 보게. 내 얼굴에 단청이 잘 되어 있지 않는가?"

시주한 돈으로 술을 마시는 까닭을 묻는 제자에게 경허 스님이 던진 말이다. 얼굴이 불그스레해지도록 기분 좋게 마신 술이 참으로 잘된 단청 불사일 게다.

지대방 장판 때가 많이 묻으면 귀로 듣고 입으로 말할 수 있는 공부를 배운다고들 하지만, 몸으로 익히는 실참實參에 소홀해질까 봐 은근히 두렵다.

스님과 중님

　머리 깎고 사는 우리를 부르는 호칭도 여러 가지다. 이제는 '스님'이라는 말이 일반화되었지만 아직도 원색적인 감정이 담긴 경우에는 '중'이라는 말이 쉽게 튀어나온다. 스님은 높임말이고 중은 낮춤말로 아주 멸시하는 뜻이 담겨 있다. '중'이라는 말은 아무래도 귀에 거슬린다. 들으면 저도 모르게 발끈하게 될 때가 많다. 상대를 하찮게 보는 뉘앙스가 강해서이다.

　예전에는 스승을 사부라고 불렀다. 한자로 스승 사師, 스승 부傅를 쓰는데, 이것을 우리말로 바꾸면 곧 스승님이다. 스승님에서 가운데 '승' 자를 떼어낸 줄임말이 '스님'의 어원이라는 주장도 있고, 또 '승僧님'에서 승의 받침 '이응'이 떨어지고 자연스럽게 '스님'이 되었다는 설도 있지만 모두가 짐작일 뿐이다. '스승님'이 곧 '스님'이 된 것으로 따지자면, 스님은 윗자리에 계신 어른이나 선배, 도반들을 부르는 호칭인 셈이다.

　노스님들은 아직도 아랫사람을 부를 때 '아무개 스님' 하고 부르지 않고 '아무개 수좌' 하고 부른다. 아무래도 수좌首座라는 표현이 아랫사람으로선 정감 있고 듣기에도 좋다. 사실 아랫사람이 윗사람에게 '저 아무개 스님입니다' 할 수는 없는 노릇이다. 어른을 부를 때 반드시 '모갑대덕某甲大德' 또는 '모갑장로某甲長老'라고 존칭하는 것을 잊어서는 안 된다고 사미율의에서는 가르친다. 큰스님의 이름을 함부로 부르지 않고 머물고 계신 암자의 이름이나 직책을 부르는 것은 다 예의를 앞세우는 까닭이다.

　'중'이라는 소리만 따서 재미있게 만들어 낸 말도 많다. 예를 들어, 스님네가 조금만 아파도 '중환자', 스님네는 작은 일을 하여도 '중노동', 아무리 계급이 높아도 '중대장', 큰 소리로 말하여도 '중얼중얼'이다. 목욕탕에서 몸집이 조그만 구산 큰스님을 보고 몇 학년이냐고 묻는 중학생에게 큰스님이 "그래, 나는 중이ㅕ二다"라고 대꾸했다는 일화도 있다.

전남 여수를 여행할 때의 일이다. 기차역으로 들어가는 내게 어떤 여인이 다가왔다. 뭔가를 물어보려는 기색이었다. 머뭇머뭇하다가 마침내 조심스럽게 나를 불렀다.

"저어, 중님."

제 딴에는, '스님'이라는 말은 미처 모르고, 중은 중인데 그냥 '중'이라고 부르면 어딘지 실례일 것 같고 그래서 생각해 낸 게 '님' 자를 붙여 '중님'이라고 한 모양이다. 그 자리에서 한참을 웃고 있는 나에게 아무 말도 못하고 무안해하던 ㄱ 어인의 표정이 지금도 생생하다. 그래도 아무렇지도 않게 "아저씨" 하고 부르는 아가씨들보다는 애교 있는 호칭이다.

또 한번은 어느 여학생에게 편지를 보내면서 맨 끝줄에 "현진 합장"이라고 썼더니 "현진 합장 스님께" 하며 답장이 왔다. 합장이란 편지글에서 쓰는 "아무개 올림" 같은 뜻인데, 생소한 절집 용어라서 이름으로 오해한 것이다.

어린 꼬마들이 엄마 손을 잡고 길을 가다가 나를 보고는, "엄마, 부처님이야!" 하면, 쑥스럽지만 듣기는 좋다. 또 교회에 다니는 아이들이나 선교원에서 운영하는 유치원에 나가는 꼬마들이 날 보고

"사탄이다"라고 말할 때는 어린 아이의 순수한 마음이 종교 논리로 멍드는 것 같아 입맛이 씁쓸하다.

　스님네에게 붙이는 가장 높은 호칭은 대종사^{大宗師}. 제종^{諸宗}에 두루 통한 선지식이라는 뜻이다. 그리고 그 분야에서 가장 높은 어른에게는 '대선사^{大禪師}', '대강백^{大講伯}', '대율사^{大律師}'라는 호칭을 붙인다. 요즘은 큰스님이라는 말이 널리 쓰이고 있다. '스님'이라는 말 속에는 종교적인 권위보다는 오히려 성직자로서의 책임을 묻는 뜻이 강하다.

성철 노스님

1

수좌들이 퇴설당에서 정진할 때 큰스님이 앞뜰을 거닐다가 한 번씩 다각실에 들르신다. 여름에는 수좌들이 먹고는 아무렇게나 버린 수박 껍질을 찬찬히 살핀다. 알뜰히 잘 먹었는지, 시주물을 낭비하지는 않았는지 검사하시는 것이다. 어려운 시절에 출가한 노스님들은 삼보 정재를 아끼는 절약 정신이 몸에 밴 까닭이다. 수박을 먹을 때는 빨간 속이 보이지 않을 때까지 최대한 얇게 남기라고 하신다.

하루는 대충 먹은 수박 껍질을 보시고는, "너그들 참 부자다. 살림이 넉넉한 모양이제" 하며 은근히 꾸짖었다. 수좌들에게는 큰소리로 호통치는 것보다 더 뼈아픈 비수 같은 말이었다.

백련암 식구들은 수박을 먹을 때 빨간 속을 남기며 먹는 일이 없다. 다 큰스님의 가르침 덕분이다. 수박 먹는 것만 보아도 '저 스님은 백련암 스님이구나' 하고 짐작할 수 있을 정도이다. 손상좌라도 수박을 대충 먹는 이에게는 인정사정없다. 한마디로 눈물이 찔끔 날 만큼 혼내신다. 당신 권속들에게는 더욱더 추상 같다.

"이 자식아! 너희 스님이 백만장자냐, 아니면 억만 부자냐."

누더기를 버리지 않고 지금껏 기워 입은 일화를 보더라도 큰스님의 살림살이를 능히 짐작할 수 있다.

큰스님을 시봉하는 원구 스님의 말이다.

"큰스님은 올해 여든둘의 고령이지만 육체적으로도 젊은 스님 못지않으십니다. 오래전부터 소금 없는 무염식과 생식으로 공양해 오셨습니다. 그리고 평생 누비옷 한 벌로 지내 오실 만큼 검소한 생활을 강조하십니다. 여기에 얽힌 이야기가 하나 있습니다. 하루는 시자 스님이 청소하던 중에 이쑤시개 하나를 버렸다가 큰스님께 크게 꾸지람을 들었지요. 큰스님이 속세에 계셨으면 아마 큰 부자가 되셨을 거예요!"

또 큰스님은 기억력도 뛰어나다. 암기력이 뛰어난 일타 스님도 "방장 스님은 못 따라가요." 하며 손을 든다. 몸이 불편한 지금도 경구를 줄줄 외우고, 원고를 쓸 때엔 문헌을 찾지 않고도 인용문을 거침없이 쓰신다고 시자 스님은 귀띔한다. 백련암에서 잠깐이라도 행자 생활을 했던 이라면 몇 십 년이 지나도 다 기억하신다. 덩치가 좋은 정인 스님은 행자 시절에 큰스님을 잠깐 모신 적이 있다. 십 년이 지난 지금도 큰절에서 만나면 "야! 조가야, 중노릇 잘 하냐" 하신다. 정인 스님의 속가 성이 조씨다. 그래서 행자 때의 속명을 기억하는 큰스님은, 스님이 된 이를 아직도 "조가야" 하고 부르시는 게다.

큰스님에게 사진기를 들이대면, "아무리 찍어 봐도 소용없다. 난 사진값 줄 돈도 없다" 하신다.

2

법문이 끝났을 때 대중 가운데 한 스님이 일어서며 말했다.

"스님의 박학다식한 법문에 저희 무지몽매한 중생들이 불같은 의심을 금할 수 없어서 몇 가지 여쭈어 보겠습니다."

"몇 가지 물어보겠으면 천천히, 날씨도 시원할 때 그때 며칠이고 이야기해 보자. 이리 더운데, 대중이 모두 네 이야기 때문에 기다리고 있으란 말이냐, 쌍놈아."

"그러면 스님은 어떤 분이신지, 이것 하나만이라도 꼭 여쭙고 싶습니다."

"어떤 분이냐고! 내가 성철이지, 해인사 방장 성철, 나이는 칠십이고……."

큰스님의 이 말 한마디에 법석이 모두 웃음바다가 되었다. 어느 해 여름 안거 때의 일이다.

3

성철 노스님은 아이들을 무척 좋아하신다. 산길에서도 아이를 만나면 그냥 지나치는 법이 없다. 아이와 눈높이를 맞추어 이야기할 때는 꼭 아이의 친할아버지를 보는 것 같다. 아이의 머리를 쓰다듬으며 어른들에게는 늘 똑같은 말씀을 하신다.

"너희들은 짐승이야. 껍데기만 사람이지. 이 애들이 사람이야, 진짜 사람."

설날에는 노스님께 세배 드리러 오는 이들이 많은데 꼬마 손님들도 빠지지 않는다. 그날은 죽비 소리 대신 노랫소리가 방장실에서 새어 나온다. 아이들 노래를 좋아하시기 때문이다. 한 아이가 어찌나 노래를 잘 부르던지 썩 마음에 들어 하신 적이 있었다.

"한 번 더 불러 보아."

노스님의 무릎에 앉아 노래를 부르던 녀석이 느닷없이 스님의 귀에다 대고 고함을 질렀다. 모두들 깜짝 놀랐지만 아이의 행동이라 나무랄 수도 없었다. 얼마나 크게 고함을 질렀는지 며칠 동안 노스님 귀가 멍할 정도였다. 그때 스님은 "내가 꼬마 선지식에게 할喝을 한 방 먹은 게야" 하며 한참 동안 너털웃음을 웃으셨다.

4

　보살님은 오후기도를 올리려고 큰 법당에 오르고 있었다. 잘 아는 노보살님을 따라 처음으로 하룻밤을 묵었지만 그래도 해인사는 아직 낯설었다. 도량에서 스님들을 만나면 정중히 예를 갖추는 일도 몸에 익지 않아서 어색할 때가 많은 초심 불자.

　노스님 한 분을 법당 옆에서 만났다. 예를 끝내고도 보살님은 얼른 발걸음을 옮길 수가 없었다. 초라한 노스님의 행색이 측은하게 보였기 때문이다. 노스님을 모시는 젊은 시자 스님을 보자 뭔가 짚이는 게 있었다. 보살님은 얼른 주머니에 손을 넣었다. 그리고 젊은 스님에게 달려가 돈을 쥐여 주면서, "노스님의 약값에 보태 주십시오" 했다. 젊은 스님이 주저하면서 받지 않으려 하자 그 보살님은 얼른 스님의 주머니에 돈을 찌르고는 곧장 법당으로 내달렸다.

　그 주인공인 보경화 보살님은 그때 일을 말할 때마다 부끄러워 어쩔 줄 몰라 한다. "저는 그때 아무것도 몰랐어요. 기운 옷을 입고 지팡이를 짚고 가는 노스님의 뒷모습에 어쩐지 마음이 아팠어요. 더군다나 상좌 스님이 작은 보따리를 챙겨 따르는 모습을 보고 병든 노스님이 어디론가 떠나시나 했어요. 그 노스님이 백련암 큰스님인 줄 안 것은 한참 뒤의 일이지요."

구암 노스님

결제날 노스님을 뵈었다. 선열당 아래채 한쪽에 조그만 방 한 칸을 선실 삼아 계신다. 해제철에는 가끔 행각도 하신다. 결제가 시작되면 어김없이 선원에 방부를 하신다. 대부분 선원에서 지내시기 때문인지 스님의 방은 더없이 단출했다. 평범하게 살아온 노수행자의 살림살이를 조금쯤 짐작할 수 있었다.

노스님은 늦깎이로 알려져 있다. 마흔셋 되던 해에 출가하셨으니 다른 이들에 견주면 한참 늦은 셈이다. 올해 법랍이 서른하나이고 세수가 일흔넷이다. 그런데 대중처소를 고집하는 어른이다.

마가목차를 내놓으셨다. 마가목 향기가 스님의 목소리를 더욱 윤기 나게 하는 듯 느껴졌다.

늦게 출가하신 까닭이 아무래도 궁금하지 않을 수 없었다.

"그해에 몸이 좋지 않아서 갑사에 기도하러 갔다가 그만 절 집안에 눌러앉게 되었지. 줄곧 담배를 피우던 습관 때문에 기도하면서도 화장실에서 몰래 피우곤 했어. 그런데 하루는 남이 모르게 하는 짓은 도심盜心이지 바른 마음이 아니라는 생각이 문득 들더라고. 그래서 그날로 끊어 버리고 지내는데, 마침 효봉 스님 손상좌되는 스님을 만났어. 그 스님과 내 길이 뒤바뀐 셈이지. 그 무렵에는 범어사의 동산 스님, 도선사의 청담 스님, 미래사의 효봉 스님이 선지식이었어. 그래서 효봉 스님께 머리를 깎아야겠다고 결심하게 된 게야.

미래사에 큰스님이 계셨고 용화사에서는 일각 스님이 주지를 살았어. 미래사에 올라가 하룻밤을 지내고 다음날 큰스님을 뵌 기억이 지금도 눈에 선해. 어찌 왔냐고 묻지도 않으시길래 나도 잠자코 있었지. 그런데 대뜸 하시는 말씀이 '머리부터 깎아라' 하시는 게야. 한마디도 못하고 물러났어. 식량이 모자라던 시절이었어. 그래서 행자 생활을 용화사에서 시작하였지."

어디 한갓진 토굴에라도 안주할 나이인데도 줄곧 대중처소에서 안거를 나신다. 더군다나 대중과 똑같이 정진 시간을 지킨다. 젊은 우리에겐 그것이 여간 좋아 보이는 게 아니다. 공부하는 일에서 백 마디 말씀보다 더 큰 힘을 얻을 수가 있다.

노스님의 말씀이다.

"늦게 출가해서 경을 읽어 포교한다는 게 될 수 없는 일이제. 먼저 나를 알아야 할 것인데 나이 들어서 경학에 천착한다는 게 우습지. 아난 존자는 공부의 반은 대중이 시켜 준다고 했지만 부처님은 대중이 전부를 시켜 준다고 하시지 않았어. 그래서 대중살이를 계속해 온 게지. 사실 또 대중 속에 있어야 공부가 돼. 혼자 하는 공부는 제대로 될 턱이 없어. 아무래도 자꾸 게을러지기 마련이지. 지금도 열심히 정진하려고 하지만 해제철엔 잘 되지 않아. 대중처소 아닌 암자에서는 지금껏 세 철밖에 산 기억이 없어."

뭐니 뭐니 해도 스님의 수행 이력 가운데 무문관의 육 년 결사를 빼놓을 수가 없다. 노스님 방에 걸려 있는 수료증을 무슨 귀중한 고서라도 발견한 듯 한참 쳐다보았다.

두문불출하기를 육 년. 보통으로 마음을 먹어서는 중도에 무너지기 십상인 어려운 공부가 아닌가. 아마 이 시절이 노스님에겐 위법망구爲法忘軀의 정신으로 목숨을 내놓고 가행정진하신 시기였을 것이다. 그래서 할 얘기도 많으신 것 같았다.

"첫 안거를 동화사에서 지냈지. 그때가 65년이었을 게야. 결제가 절반쯤 지날 즈음 천축사 무문관에서 백 일 동안 용맹정진한다는 소리를 들었지. 갑자기 귀가 번쩍 뜨이더라고. 결제 중에 나가면 어머니 배를 가르고 나가는 것과 같다고 모두가 말리기도 하고 초참에 지나지 않는 나의 그런 분심에 놀라는 스님네도 있었지. 그때 조건이 다섯 차례 이상의 하안거 증명서, 거주하는 사찰의 주지 스님이 내주는 거주증명서 그리고 은사 스님의 추천서가 있어야 했는데 무작정 천축사로 간 게야. 스물여덟이 모였더군. 어찌 보면 백 일 동안 정진하면서 무문관에 들어갈 수좌들을 뽑는 시험장이 된 셈이지. 그런데 회향하는 날엔 여섯 명밖에 남지 않았어. 그날 동구불출洞口不出도 이렇게 힘들구나 하는 사실을 어렴풋이 깨달았어. 다시 인원을 열 명으로 정하고 결사를 시작하는데 세 명밖에 지원하지 않더라고. 그래서 어렵게 열 명의 명단을 만들었는데 결제날에는 여덟 명이 모였더군. 여덟 명이 한 해를 공부하면서 열한 달을 정진하고 한 달은 행각하면서 이태째 살던 중에 그만 외호에 의해 깨져 버렸어. 그 사연이 아주 길지.

그 뒤 만행하던 길에 대구 안일암에 들렀는데 객실에 불교신문이 있길래 보았지. 무문관 2기생을 모집한다는 기사가 있었어. 날짜를 헤아려 보니 이틀 남았더라고. 그날로 부랴부랴 천축사로 갔지.

그때 비로소 육 년 결사를 마음먹은 게야.

　두문불출 독방 육 년을 각오하고 법정 스님, 지효 스님, 일원 스님, 이렇게 넷이서 시작했어. 육 년 동안 많이 바뀌었어. 중간에 경산 스님, 서암 스님도 왔다 갔고, 도보 기도를 하는 원공 스님도 함께 있었어."

　말하자면 육 년 결사를 제대로 마친 이는 노스님 한 분뿐이었던 것이다. 도고마성道高魔盛이라고 했다. 여섯 해 동안 하루도 거르지 않고 스님이 날마다 삼백배로 참회하기를 계속한 것도 바로 이 마장을 염려하신 게 아닌지 모르겠다.

　"지금 생각해 보면 절을 한 게 많은 힘이 되었어. 마장이나 병통은 크게 없었던 것 같아. 결사를 시작하고 한 달쯤 지나니 유정遺精이 생기더군. 이곳저곳 돌아다니다 한 곳에 꼼짝 않고 있으려니 마음이 갑갑해져 그랬던 모양이야. 그 전엔 병이 있는 줄도 몰랐고, 그래서 유정에 좋다는 고삼苦蔘을 먹었지. 얼마나 쓴지 그 쓴맛 때문에 세상에서 버림받은 약. 양기를 죽인다고 해서 안 먹는 그 약을 세 해나 복용했어. 그때가 쉰다섯이었는데 몸이 그렇게 좋아질 수가 없더구먼. 고삼을 이태만 먹으면 환골탈태한다는 말도 있는데 세 해나 먹었으니 얼마나 좋았겠어. 적게 먹으면 양기를 죽이고 오래 먹으면 정력이 생긴다더니 과연 그때 먹은 고삼 덕분에 지금까지 건강해. 그 뒤로는 마가목이 좋다고 해서 지금껏 먹고 있어. 건강한 체력이 정진엔 큰 밑천이여. 무문관 1기로 나온 관응 스님도 지금 얼마나 건강해."

스님이 머리 깎은 뒤로 대중 소임을 맡은 게 있다면 장경각 장주를 지낸 것밖에 없다. 지금껏 대중처소에 지내면서 대중 소임을 맡기면 바로 다음날로 걸망을 챙겨 떠난 일이 한두 번이 아니다. 이렇듯 모든 것을 떨치고 철저히 수행자 정신으로만 사시는 까닭은 무엇일까.

"그전부터 해인사에서 가끔 결제를 나곤 했는데 이곳에 계속 산 것은 십 년쯤 되었어. 몇 해 전이었지. 방장 스님이 유나를 시키더군. 그래서 결제를 며칠 앞두고 걸망을 챙겨 그냥 달아났어. 해운정사에 가서 한 철을 살았어. 그곳에서 방장 스님께 편지를 썼지. '나는 늦깎이라 아는 게 없습니다. 나를 유나로 앉히면 대중의 웃음거리가 됩니다. 다른 것은 다 할 테니 소임만 맡기지 말아 주십시오. 대중과 함께 살게만 해 주십시오.' 이렇게 해서 다시 해인사로 왔는데 그 뒤로 일절 대중 소임을 맡기지 않았어. 그런데 하루는 지금 주지 스님이 몇 번 부탁을 하길래 어쩔 수 없이 장주를 이태 살았어. 대중과 함께 살면서 아무것도 맡지 않으면 좋은 소리 못 들을 것 같아 그랬지.

그 전에 정암사 주지도 부탁받았는데 거절했어. 내가 대중 소임을 맡지 않은 것은 내 공부 때문이야. 또 남의 공부에 도움을 줄 만한 위치도 못 되고 말이야. 내가 늦깎이라서 남들처럼 소임 다 살고 지낼 만큼 마음이 그리 한가하질 못한 게야. 장주 살면서 장경각 안내를 시작했지. 반응이 꽤 좋았어."

스님의 방에는 이불이 없다. 베개도 사용하지 않는 두타행을 하신다. 방 가운데에 나무 판자로 만든 좌구坐具만 있을 뿐이다. 스님의 독특한 수행 법칙이 또 궁금해졌다.

"요즘은 많이 좋아졌지만 그땐 객실이 형편없었어. 베개만 해도 땟자국이 번들거렸고 이불도 엉망이었지. 그래서 할 수 없이 목침을 걸망에 넣고 다녔어. 그런데 견성하려는 사람이 잠자려고 베개까지 가지고 다닌다고 빈축을 사고는 몹시 부끄러웠어. 아예 없애 버리기로 마음먹었지. 그래서 천축사에 살 때에 깔지 않고 덮지 않고 그냥 지내는 습관을 들인 게야. 그러고 나니 어느 처소에서든지 적응할 수 있더구먼. 지금은 이불을 덮고 자면 무거워서 허리가 아플 정도야. 그리고 나무 좌복에 앉아 있으면 방바닥이 더워도 상관없고 차가워도 지장을 받지 않아서 좋아. 푹신한 좌복보다 훨씬 편하지.

수행하면서 자기를 확실히 믿어야 성취가 와, 내가 공부하고픈 마음이 먼저 서야 대중들이 고마운 스승이 되는 것이지. 그렇지 않으면 대중이 귀찮아지고 경책도 잔소리로밖에 안 들리는 게야.

해제하면 도반 찾아다니는 게 요즘엔 재미있어. 나이 먹었다고 해서 외롭다는 건 틀린 말이야. 수행하는 사람이 그런 것에 걸리면 쓰나. 고고하다는 말도 있잖아. 외롭다는 게 조건이나 환경에 따르는 게 아니야."

스님은 지금껏 단식을 여러 차례 하였다. 크게 성취하지 못했다 싶어 다시 하고 또 다시 하신 것이 벌써 열 번이나 된다. 오랜 세월 남들보다 훨씬 고되고 힘든 수행을 해 오시면서 몸을 해치지 않고 지켜 오신 데에는 몇 가지 방법이 있었다.

"72년, 선열당에서 정진하던 시절이었어. 내가 찰밥을 좋아했어. 찰밥을 좋아하는 줄 알았는지 공양 시간에 학인이 발우에다 많이 퍼 주었어. 녹두전 두 점하고 맛있게 먹은 걸로 기억해. 그리고 입선을 했는데 금방 소화가 되는 게야. 그때 내가 이거 보통 식충이가 아니구나 싶어 단식을 시작하였지. 그러면서 먹는 양을 차츰 줄였지. 지금은 밥 다섯 숟갈 정도밖에 안 먹어. 그리고 칠십 년 동안 계속 냉수 마찰을 해 왔어. 밖에서 찬물 끼얹는 것은 냉수욕인데 그건 위험한 일이고 나는 방에서 수건에다 찬물을 적셔 여러 번 문질러 줘. 운동도 많이 되고 또 그 덕분으로 지금도 피부가 아주 부드러워."

결제철에는 총림의 대중이 모두 참여하는 용맹정진이 있다. 이때도 노스님이 젊은 납자들과 함께 일주일 장좌불와하시는 것은 잘 알려진 사실이다. 학인들도 게으름을 피워 한번쯤은 빠지곤 하는 예불이나 공양을 하루도 빠지지 않는 그 정신의 근간을 조심스럽게 물었더니, 스님네로서 당연한 일상을 묻는다며 오히려 나무라셨다. 참여하고 빠지고 할 성질의 것이 아니라는 말씀이다.

"머리에 다른 생각은 없어. 초발심자경문에 이런 구절이 있지. '다만 내가 하지 않는 것이지 못하는 것이 아니다. 죽을 각오로 하면 되는 것이다.' 이런 식으로 내가 살지. 용맹정진도 하지 않으려고 하니 못하는 게지, 마음만 있으면 힘들 게 없어. 자기가 해야 할 일을 해야 부처님같이 존경받는다는 말이 있지. 많이 아는 것과 실천하는 것이 다르면 안 돼. 우리는 고행한다는 기본 정신이 서 있어야 해. 고행한다는 마음만 살아 있으면 일상의 일은 아무것도 아니여. 미륵불이 출현하는 다음 생엔 복수용의 시기라는데 고행을 않고 어찌 복을 받을 수 있겠어. 복이 엷으면 공부에 장애가 많아. 그러니까 중노릇이 복을 줄이는 짓이 되어선 안 되는 게야. 내가 늘 말하는 것이지만, 머리를 왜 깎았던가 하는 그 정신만 챙기고 살아가라고 충고하지. 다시 말해 초발심자경문만 제대로 실천하면 중노릇은 잘하는 게야."

학인들에게 일러 줄 말씀을 여쭙자 할아버지처럼 친근한 웃음을 지으셨다.

"너희 근기가 나보다 나아. 왜 그런고 하니 너희처럼 한 곳에서 네 해를 산다는 게 사실 힘든 일이여. 그래도 우린 석 달 한 철 정진하다 해제하면 석 달은 마음대로 다니잖아. 아무튼 젊은 시절엔 호기가 충천해야 해."

산중에서는 고목나무와 노스님이 보물이라고 했다. 참으로 편안하게 느껴지는 노스님. 가식 없는 그 모습이 그저 좋다. 가까이에서 늘 우리를 부끄럽게 만드는 어른이 산중에 계신다는 것이 우리 젊은 출가자에겐 더없는 복이 아닐까 싶다.

큰법당에서 대중들을 모아 놓고 사자후를 하는 게 상당법문이라면, 소참법문은 선방에서 정진하는 여가를 이용해 친절하게 일러주는 법문이라 할 수 있다. 가까이 앉아서 말씀하시는 음성이 다정다감하지만 조실 스님은 때로는 추상같은 목소리로 공부의 나태를 꾸짖으신다. 차를 마시는 분위기처럼 편안한 법석, 그래서 소참법문이다. 조실 스님 말씀은, 한결같이 젊고 힘 있을 때 일대사를 공부해 마치라는 고구정녕한 말씀이다. 생사대사生死大事를 해결할 때 비로소 출격대장부라는 소리를 듣게 된다.

"이제 칠순에 가까워지니 젊었을 때 기억이 새롭습니다. 어린 나이에 출가하여 해 보지 않은 것이 없소. 경전을 공부하고, 율학을 강의하고, 장좌불과 기도와 참선도 하였소. 그리고 외국을 수십 차례 다녀 보기도 했소. 지금은 아무런 욕심이 없고 오로지 내 앉을 방석 생각만 간절하오. 그러나 자리에 앉아 보면 몸이 예전 같지 않아서 허리가 구부러지고 자꾸 잠이 쏟아지는 걸 막을 수 없으니, 좌복에 앉는 일도 잘 되질 않소. 그러니 이제는 죽는 일밖에 없는 것 같소. 이렇게 나이 들면 공부가 힘에 부치오."

일타 율주 스님의 소참법문 요지이다. 지족암 율주 스님의 말씀은 물 흐르듯 거침이 없다. 재미있게 얘기하는 묘리를 터득하셨나 보다. 청중을 졸게 하는 일도 없다. 당신의 말씀처럼 어떤 비구의 후신後身임이 분명하다.

머리가 희끗희끗한 중년의 거사가 산을 오르고 있었다. 등짐을 한 공양미를 한 번도 땅에 놓지 않고 부지런히 암자를 향해 걷는다. 마을에서 몇 십리 떨어진 암자의 산문이 가까워 오자 향 내음이 은은히 번진다. 암자의 조실 스님은 거사를 반기며, "꽤 오랜만에 불공하러 오셨소" 하면서 손을 잡는다. 거사가 일찍부터 스승으로 모시고 가르침을 받고 있는 조실 스님은 몇 해 전까지만 해도 큰 절에서 강백을 하던 노덕 스님이다. 건강이 좋지 않은 조실 스님이 손수 목탁을 잡고 불공을 올리시는 것도 예전에 없던 일이다. 그리고 일주문을 나서는 거사를 보고 말한다.

"이보게 거사! 안녕히 가시오. 나는 오늘 갈 생각이오. 우리 다음 생에 또 만납시다."

거사님은 뭔가 기분이 심상치 않았으나 지나가는 말로 들었다. 휘적휘적 걸어서 동구에 다다랐을 때, 때 이른 종소리가 들렸다. 곧이어 동자승이 헐레벌떡 달려오면서, "큰스님이 열반하셨습니다"라고 전한다. 그 종소리는 열반종이었다. 산등성이를 넘어 집에 도착할 때까지 종소리가 이명耳鳴으로 줄곧 따라붙고 있었다.

그때의 중년 거사가 바로 일타 스님의 부친이다.

"우리 집 처사(부친) 말이 내가 그때 그 조실 스님의 후신이라는 게요. 조실 스님이 입적하신 뒤에 모친이 나를 잉태한 것도 그렇고, 경전을 한번만 봐도 훤히 아는 것도 결국 조실 스님의 글 가르치던 업 때문이 아닌가 싶어요."

일타 스님이 때때로 하시는 말씀이다.

동네 절에 있는 스님이 마을을 지나며 염불을 하였다.

"일쇄동방결도량 이쇄남방득청량."

어린 소년은 그 소리가 무척 귀에 익었고 그렇게 좋을 수가 없었다. 그래서 스님을 따라다니며 염불을 줄줄 외고 다녔다.

소년의 외삼촌 가운데 일본 유학 중에 출가하여 스님이 된 이가 있었다. 한번은 집에 들러 어린 조카에게, "모든 현상이 다 마음에서 일어나네. 곧 일체유심조인 게지. 대장부의 진짜 공부는 부처 공부라네" 하였다. 이때부터 어린 조카는 '일체유심조一切唯心造' 경구를 잊지 않고 길을 가다가 엎어져 무릎이 깨져도 "일체유심조, 다 마음먹기에 달렸다" 하면서 아픔을 참았다.

일타 스님이 소학교 학생이던 시절의 일이다.

큰스님은 그때 일을 이렇게 회상하신다.

"내가 출가하여 천수경을 외운 기억은 없어요. 그때 그 스님이 외우는 소릴 듣고 다 외워 버린 것이지요. 아무래도 전생의 버릇 때문임이 확실한데, 그렇다면 중밖에 더 있겠소?"

영암 노스님

1

불영사는 폐사나 다름없었다. 빗물이 떨어지는 법당에서 젊은 주지 스님은 도량을 복원하기로 마음먹었다. 이제 막 부임한 젊은 주지로서는 해 볼 만한 원력이기도 했다. 먼저 수행 가풍을 세우려고 삼년결사를 입재하고 대중들을 외호하는 일을 시작하였다. 절 살림이 워낙 어려워서 정진 시간을 쪼개어 울력을 해야만 했다. 그러니까 거의 날마다 오전에는 좌선을 하고 오후에는 노동을 하는 식이었다.

날이 갈수록 주지 스님의 마음은 편하지 못했다. 결사를 다짐했던 수좌들이 하나둘씩 떠나기 때문이었다. 이제 해인사에서 온 수좌 한 분만 남았다. 읍내에서 장을 보고 왔을 때 마지막 남은 그 수좌 스님의 걸망이 보이지 않았다. 놀란 주지 스님은 마을 어귀까지 달려가 이것저것 물어보았지만 비슷한 스님을 보았다는 사람은 없었다.

"스님! 꼭 떠나시겠다면 어쩔 수 없지만 그래도 삼년결사 하기로 하신 부처님과의 약속은 지키셔야지요."

어젯밤 그 스님을 붙잡고 그렇게 말했는데……. 말없이 떠나 버린 수좌가 원망스럽기까지 했다. 일순 마음이 약해진 탓일까. 산문을 들어서는 젊은 주지 스님의 눈앞이 자꾸만 흐려졌다.

그날 주지 스님은 두 번 울고 말았다. 저녁 예불을 끝내고 돌아섰을 때 수좌 스님이 돌아와 있었기 때문이다. 어둠 속에서 환하게 웃고 있는 수좌 스님을 와락 껴안고 주지 스님은 또 열없이 그만 울어 버렸다.

영암 스님과 자운 스님이 평생 도반으로 만나게 된 인연은 언제 들어도 우리 가슴을 저릿하게 만든다. 어려울 때 만난 도반이 몇 곱절 더 소중한 반연임이 분명하다. 울진 불영사에서의 젊은 주지 스님이 바로 해인사 조실을 지낸 영암 큰스님이며, 젊은 수좌는 해인사의 거목 자운 스님이다.

2

영암 스님을 모시고 살던 구참 스님들은 '서흡밥' 시절을 잊지 못한다. 서흡밥이란 대중들이 공양하는 습관으로 발우에 밥을 담을 때 삼 분의 일을 넘지 못하도록 한 데서 나온 말이다. 영암 스님이 어렵던 해인사 살림을 얼마나 눈물 나게 꾸렸는지를 알 수 있는 대표적인 보기이다.

"청소 시간에 마당을 쓸 때에도 빗자루 끝이 몽땅 닳을까 봐서 힘주어 쓸지도 못하게 하셨지." 노스님들에게서 들은 말이다. 이제 여러 가지로 풍족하게 살고 있는 나 같은 초참으로선 절약과 청빈으로 살던 그런 시절이 옛날이야기처럼 들린다. 영암 스님의 독특한 수행 가풍인 '열 가지 모르기'가 있다.

간식 모르기
차 마시는 일 모르기
과일 모르기

구경 가는 일 모르기

낮잠 모르기

취미 모르기

잡담 모르기

글쓰기 모르기

노래 모르기

여자 모르기

<u>3</u>

영암 노스님은 '하루 일하지 않으면 하루 먹지 않는다'는 백장 청규를 실천한 분으로 유명하다. 하루는 일꾼들 몇과 일주문 계단을 고치고 있었다. 한창 일에 열중하고 있는데 군청에서 나온 이가, "이보시오 스님, 주지 스님 어디 계십니까" 하고 묻길래 스님은 무심코 "저 위쪽으로 올라가 보시오" 했다. 일하고 있는 주지 스님을 바로 앞에 두고 알아보지 못한 것이다.

<u>4</u>

스님의 별명은 '땅 찾기 스님'이다. 농지 소송 문제를 승소로 이끈 예만 해도 한둘이 아니다. 특히 해인사 농지 소송권이 그 대표적인 일이라 할 수 있다. 진주지원에서 패소하고 또 대구고등법원에서도 패소하여 이제 남은 것은 대법원의 결심뿐이었다. 스님은 재판하는 날이 될 때까지 기도에만 열중하였는데, 그날 아침 대중에

게 말했다.

"간밤에 꿈을 꾸었소. 말 한 마리가 먹구름을 헤치고 동이 트는 동쪽으로 달려가는 꿈이었소."

결국 승소 판결이 났고, 그로써 스님의 기도 원력 덕분이었음이 증명되었다.

서울 봉은사의 땅 일부가 국영 기업체로 넘어간 것을 칠 년 동안 투쟁하면서 되찾은 사건은 세간에까지 알려진 사실이다. 그때 찾은 이만 평이 지금은 서울에서도 금싸라기 땅이 되었다.

진짜 스님

1

　도보 기도로 유명한 원공 스님은 우리나라 곳곳을 걸어서 다닌다. 지도에도 없는 산길이며 지름길까지 훤히 알고 있을 만큼 가 보지 않은 곳이 없다.

　언젠가 스님이 시골 검문소를 지나려니 그곳 지서장이 인사를 하더란다. 자초지종을 따져 보니 몇 년 전에 그곳에서 스님을 검문하던 순경이었다는 재미있는 이야기도 있다.

　원공 스님이 한 조그만 섬에 들렀을 때의 일이다. 섬 이곳저곳을 지도와 맞춰 보며 살피다가 기분이 섬뜩하여 고개를 드니, 어느새 총을 든 군인들에게 포위되어 있는 것이었다. 필시 또 주민들이 간첩으로 오인하고 신고했으리라. 이런 일은 한두 번 겪는 일도 아니어서 별로 당황하지 않았다. 그들이 스님을 지프차에 태우려 하자 스님은 "나는 차를 타지 않는 사람이오. 걸어서 가겠소" 하며 검문소까지 걸었다. 그렇게 휘적휘적 걸어가는 스님의 모습이 군인들 눈에 예사롭게 보이지 않았던 모양이다.

　"나는 걸어서 전국을 다니며 기도하는 중이오. 걷는 것이 내게는 수행이오. 그래서 이곳에 들른 것뿐이오. 이번이 세 번째요."

　이렇게 해서 신분 확인이 끝나고 원공 스님이 검문소를 나오자 때 아닌 박수 소리가 들려왔다. 놀라서 보니, 군인들이 두 줄로 늘어선 채로 스님을 향해 박수를 치고 있었다. 스님을 배웅하려고 그러는 것이었다. 그들은 멀어지는 스님의 뒷모습을 보고 이렇게 말했다.

"진짜 스님이 지나가신다."

2

예불을 알리는 쇠북 소리가 법당 용마루를 지나고 있다. 종각에서는 법고가 울리기 시작한다. 높고 낮은 장단을 섞어 북을 치는 스님의 이마에 차츰 땀방울이 솟는다. 산사를 찾은 사람들이 북소리를 듣고 종각 주위로 하나둘씩 모여든다.

수좌 스님이 종각에 오른다. 오랜만에 잡아 보는 북채. 신명이 난다. 북을 치는 손놀림이 점점 빨라진다. 좌선할 때 느슨하게 풀어 놓은 바지춤이 자꾸만 내려간다. 아마 모르는 모양이다. 수좌 스님의 북소리는 갈수록 더 살아 움직인다. 곁에 서 있던 학인 스님이 귓속말로, "스님, 바지 내려갔어요. 빨리 올리세요" 하며 안절부절못한다. 수좌 스님은, "나도 알아! 지금 올리면 더 우스운 꼴이 될 것 같아서 그냥 있는 거요" 하면서 북채를 놓지 않는다.

마무리하는 북소리가 멎는다. 한 차례 박수 소리가 자투리 시간을 메운다. 큰종이 다 울릴 때까지 웃는 사람은 없었다.

방귀 수좌

여러 선방을 몇 년씩 다닌 선객들 치고 방귀 수좌를 모르는 이는 별로 없다. 그의 방귀는 입선 시간, 예불 시간을 가리지 않고, 또 선실, 공양방도 꺼리지 않으며 무애자재하다. 이제 소리만 들어도 알 수 있을 만큼 귀에 익었다. 그의 방귀는 '케첩 방귀'로 알려져 있는데, 그것은 케첩을 짜낼 때 나는 '삐비삑' 소리와 흡사해서이다. 이 케첩 방귀의 특징은 소리가 커서 옆 사람을 화들짝 놀라게 하고 냄새가 멀리 퍼질뿐더러 숨을 제대로 쉬지 못할 만큼 지독하다는 거다. 방귀 수좌 옆자리에 앉은 스님은 해제할 무렵이면 얼굴이 노랗게 뜰 것이라는 우스갯소리까지 나오는 걸 보면, 예사 방귀가 아닌 것은 확실하다.

방귀 수좌가 송광사 선원에서 정진할 때 진짜 실력을 발휘한 일은 지대방에서 자주 회자되는 얘기다. 송광사 선원에서 결제에 들어간 지 며칠 지나지 않아 그의 방귀 얘기가 슬슬 대중의 입에 오르내리기 시작하였다. 한 번씩 방귀를 뀌면 소리가 얼마나 큰지 정진하던 스님들의 화두가 달아날 지경이었다. 또한 어떤 스님이 웃음을 참지 못해 키득키득 웃는 일이 생기니, 소임자 스님이 공부 분위기를 생각하여 한마디하지 않을 수 없었다.

"스님, 대중 스님 공부에 방해가 되니 나가서 뀌고 오든지, 아니면 조심해서 소리를 내시오."

우습게도 방귀 때문에 시비를 가리는 지대방 공사가 벌어진 셈이다. 이제 한 번 더 방귀를 뀌는 날에는 대중 참회를 피할 수 없을 것 같았다. 대중처소에 사는 죄로 방귀도 시원하게 뀌지 못한다며 투덜거리던 방귀 수좌. 그날부터 맛있게 비벼 먹던 밥도 줄이고 소화 잘되는 음식만 먹었다.

아침 정진 시간이었다. 어디선가 '뽀옹' 하는 방귀 소리가 흘러나왔다. 방귀 수좌가 앉은 쪽이었다. 스님이 뭔가 변명을 하려고 고개를 들자, 대중들의 눈빛이 모두 방귀 수좌를 의심하고 있었다. 방귀 수좌는 손을 내저었다.

"이번엔 내가 아닙니다. 여러분도 아는 것처럼 이렇게 힘없는 방귀는 아니지 않소."

안절부절못하는 그의 말을 누구도 믿으려는 기색이 없었다. 잘못하면 억울하게 범인으로 오해받을 상황이었다. 바로 그때 뒷자리에 앉은 스님이 충청도 말씨로 "지가 뀌었구먼요" 하여 방귀 수좌는 겨우 위기를 모면했고, 그 바람에 대중들은 정진도 잊은 채 한바탕 웃음보를 터뜨렸다.

사시 공양 시간이었다. 큰방에서 공양하던 방귀 수좌는 등골에 식은땀을 흘리고 있었다. 속이 심상치 않은 것이 아무래도 일을 한 번 내야 시원할 것 같았기 때문이었다. 참다못해 그만 터뜨리고 말았다.

"퍼버벙!"

참았다가 한꺼번에 쏟아진 소리는 마치 뇌성벽력 같았다. 조용히 공양하던 대중들이 얼마나 놀랐는지 숟가락을 떨어뜨린 스님도 있었다.

공양이 끝난 뒤 소임자 스님이 "스님은 자신의 잘못을 참회하시오" 하자 방귀 수좌는 대중 앞에 나아가 정중하게 절을 하였다. 그런데 더욱 우습게 된 것은 마지막 세 번째 절을 마치고 일어나면서 또다시 "뿡" 하고 소리를 낸 일이다.

방귀를 조심해서 뀌는 스님들이 별로 없다. 모두들 시원하게 소리를 낸다. 방귀 소리에는 초참과 구참이 따로 없다. 듣기만 해도 시원한 소리가 있고 감칠맛 나게 뀌는 소리도 있다. 그 가운데 여러 번 나누어서 시리즈로 뀌는 스님은 마치 장난을 하는 것 같다. 그렇다고 생리 현상을 가지고 무어라고 나무랄 수도 없다. 점심을 먹고 자리에 앉으면 더 심하다. 이상하게도 왔다 갔다 하며 다닐 때보다 가부좌를 틀고 앉아 있자면 방귀가 더 잘 나온다. 스님들이 뀌는 방귀를 칠통타파관漆桶打破觀이라고 말한다. 칠흑 같은 마음을 깨뜨려 주기 위한 공부라는 뜻이다.

이러나저러나 방귀를 펑펑 터뜨리더라도 그것으로 인해 공부가 익어 간다면 크게 시비할 생각은 없다.

여름 안거 때에는 납량 특집으로 무서운 이야기 하나쯤은 꼭 듣는다. 대개 지대방 한담으로 흘러나오는 이런 이야기 가운데에는 한여름의 더위를 싹 가시게 할 만큼 으스스한 것도 있다. 여기에 소개하는 이야기는 생생한 수행담인 데다가 칠 푼의 사실에 서 푼의 거짓말이 적당히 섞여서인지 듣는 재미가 쏠쏠했다.

이야기는 이랬다.

그해 조실 스님을 모시고 여름 안거에 들어간 스님네는 외호 대중을 포함해 스무 명 남짓이었다. 거의 모두가 초참을 갓 면한 수좌들이었다.

선방에서 얼마 떨어지지 않은 곳에 작은 저수지가 있었다. 아침 공양 뒤에는 곱게 피어나는 물안개를 보려고 포행 삼아 다녀올 만한 거리였다. 때로는 정진하던 죽비를 놓고 물가에서 더위를 식힐 수도 있어서 무엇보다도 여름 안거를 나기에는 좋은 수행처였다.

그럭저럭 반살림이 지나고 있었다. 저수지에서 신원을 알 수 없는 여자의 주검이 발견되었다는 사실이 알려졌다. 경찰은 현장만 확인한 채 그날 밤 모두 산을 내려갔다. 시체를 치우기에는 밤이 너무 깊었기 때문이다.

그날 밤 조실 스님이 수좌들을 모았다. 이미 삼경이 지난 때였다. 노스님은 목소리를 가다듬고 대중을 향해 말하였다.

"그 여자의 구두를 가지고 올 수좌가 있으면 일어서시오."

뜻밖의 말에 대중들은 놀랐으나 농담이 아님을 조실 스님의 눈빛으로 알 수 있었다. 선뜻 나서는 스님이 없었다. 그도 그럴 것이 죽은 사람에게서 구두를 벗기는 일도 힘든 노릇이려니와 보통 담력으로는 칠흑 같은 밤중에 그곳까지 다녀오겠다고 쉬 나서기가 쉽지 않기 때문이었다. 더군다나 손전등도 제대로 없던 시절이었다.

그때 한 수좌가 일어났다.

"구두를 가져오기만 하면 됩니까?"

"그렇다. 그것을 가져오는 이에게는 행각을 떠날 때에 여비를 넉넉히 주겠다."

조실 스님은 안거 마지막 날 나누어 주는 해제 돈을 상금으로 내놓았다.

그 수좌 스님은 무엇보다도 자신의 담력을 시험해 보고 싶은 호기가 은근히 일었던 것이다. 사실 선방의 장판 때가 어지간히 묻은 수좌라면 한번쯤 덤벼볼 만한 일이었다. 평소에 겁내는 일이 없던 터라 내심 호승심好勝心도 작용했음이다.

그믐날 밤엔 부엉이도 울지 않는다던가. 어둠의 깊이가 수좌 스님이 처음 나서던 때의 당당함을 조금씩 위축시켰다.

'하필 물에 빠진 처녀의 신발일까.' 이런 생각에 수좌 스님은 스스로 정신이 많이 약해져 있음을 느꼈는지 어느새 염불을 외우기 시작했다. 손바닥에선 땀이 끈적끈적하니 나왔다.

저수지의 물빛이 희미하게 드러났다. 수좌 스님은 다시 한번 마음을 가다듬었다.

"나무 관세음보살."

가마니로 덮어 놓은 시신은 반듯하게 누워 있었고, 가마니 아래로 두 발이 드러나 있었다. 순간 기분이 섬뜩했다. 조금 망설이던 끝에 두 눈을 딱 감고 발목을 잡았다. 그러나 정작 수좌 스님의 등줄기를 오싹하게 한 것은 구두가 한번에 벗겨지지 않는 일이었다. 몸이 물에 불어 신발이 꽉 차 버린 사실을 짐작도 못한 게다.

그때부터 덜컥 겁이 나기 시작했다. 등골이 서늘해지면서 손끝이 저절로 떨려 왔다. 시체는 금방이라도 벌떡 일어나 뒷덜미를 움켜쥐고서 "내 신발 내놔!" 할 것만 같았다. 온몸의 살갗이 알알이 돋아 올랐다.

다른 방법이 없어 수좌 스님은 시체 곁에 살짝 누웠다. 차라리 얼굴을 쳐다보는 게 덜 무서울 것 같았기 때문이다. 그러고는 발끝으로 신발을 밀어내는 동작을 계속하였다. 얼마나 안간힘을 썼던지 발가락에 물집이 다 잡힐 정도였다.

그렇게 해서 신발 한 짝을 벗기자마자 그냥 내달린 스님은 어떻게 내려왔는지 기억도 나지 않았다. 대중 앞에 나타났을 때 스님의 몸은 땀으로 목욕한 듯 후줄근하게 젖어 있었다. 수좌 스님의 손에는 빨간 구두 한 짝이 꼭 쥐여져 있었다.

조실 스님은 그 자리에서 눈빛 하나 바꾸지 않고 대중에게 다시 일렀다.

"이 신발을 다시 신기고 올 수좌는 없는가."

이번에는 그곳을 다녀온 수좌 스님마저도 고개를 내저었다. 천하를 다 준다 해도 도저히 갈 엄두가 나지 않았던 것이다. 그러니 나서는 이가 없음은 당연한 일. 조실 스님은 대중을 향해 꾸짖듯 한 마디하였다.

"일체가 다 헛된 일임이 분명한데 송장 하나에 마음이 걸리고 마는군. 공부를 위해 목숨까지 내놓을 수좌가 한 명도 없음이야."

조실 스님의 이 말에 대중 스님네는 부끄러워서 고개를 들지 못했다.

거기다 또 대중 스님들은 걱정이 되어 잠을 이루지 못했다. 그날 밤 신발을 다시 신겨 놓아야 경찰의 의심을 받지 않을 터였기 때문이다. 그런데 다음날 아침에 보니 시체에 구두가 그대로 신겨져 있었다. 수좌 스님들은 그만 말문을 닫았다. 간밤에 조실 스님이 직접 가서 신겨 놓은 것이었다.

이 이야기는 동화사 금당에서 효봉 노스님이 조실로 지낼 때의 일화이다. 꽤 오래된 이야기지만 수좌들의 담력과 공부를 시험한 노스님의 깨우침은 어느 법문보다도 값진 것이다. 그때 그 수좌 스님은 지금도 대중처소에서 선덕으로 수행하고 계신다는 후문이다.

지대방에서 한 노스님으로부터 전설적인 사대 괴각乖角 이야기를
들었다. 괴각들의 비상식적인 돌출 행동은 대중의 화합을 깨뜨리기
도 하지만 때로는 잘못된 수행 풍토를 역설적으로 꼬집는 은유가
있기도 하다.

박태평 스님은 키가 크고 덩치도 좋아서 목소리 또한 기차 화통
처럼 컸다고 한다. 한번은 이 스님이 계룡산에 들르게 되었다. 그곳
에는 지방의 유지랍시고 갑사에서 거들먹거리며 행세하는 노인이
있었다. 다른 스님들은 모두가 인사를 하는데 유독 박태평 스님만
이 그냥 지나쳐 갔다. 속이 상한 노인이 박태평 스님을 불러 세우고
따지듯이 "스님은 어디 사는 누구시오"라고 묻자, 그때 기분이 꼬
일 데로 꼬인 스님이 노인의 귀에다 대고 이렇게 냅다 고함을 질렀
다고 한다.

"남섬부주 해동 대한민국 충남 공주군 계룡산에 사는 박태평이
닷!"

앞머리는 살살 소곤대듯 말하고 꼬리 부분의 "이다"에서는 수미
산을 무너뜨릴 만큼 크게 말했던 것이다.

이 소리를 듣고 노인은 귀청이라도 떨어졌는가 싶게 멍하니 서
있었고 스님은 그 길로 계룡산을 넘어 동학사로 떠났다고 한다.

우불집 스님은 성격이 불같아서 붙은 별명이라고 한다. 어느 때
속리산 법주사에서 하룻밤 행장을 풀었는데 별채에서 희희낙락囍囍

樂樂하는 소리가 들리더란다. 그 당시에는 유생들이 절을 여관쯤으로 생각하고 놀아도 말 못하던 시절이었다. 청정 도량에서 기생과 노닥거리고 있는 모습에 분통이 오른 불집 스님. 그날 자정에 남녀가 잠자고 있는 별채에 찬물을 한 동이 끼얹고 쏜살같이 도망쳐 나왔다.

일주문을 나서면서 불집 스님은 속수무책 황당해하던 별채 사람들의 얼굴을 떠올리며 웃고 또 웃었다.

무풍당 스님의 일화는 선원의 지대방에서 단골처럼 들을 수 있는 이야기다. 부산 범어사에서 한밤중에 종각의 종을 쳐서 대중을 모이게 했다는 주인공이 바로 무풍당이다. 범종 소리를 듣고 놀라서 마당으로 뛰쳐나온 대중들에게 무풍당 스님은 "객승이 대중 스님들께 한자리에서 인사드리기 위해 모이게 했다"면서 마당에서 큰절을 올렸다고 하니까, 무풍당 스님의 객기와 행동은 괴각의 백미에 가깝다고 하겠다.

칼 수좌는 기행과 독설을 많이 한 스님이라 들었다. 그래서 대중들과 어울리지 못하고 토굴에서 주로 수행하였다고 한다. 눈 오는 겨울 날 법주사 선원 마당에서 절구통처럼 꼼짝 않고 정진하였다는 뒷이야기로 보아 수좌의 기상은 살아 있었음이다. 법 거량 할 때 번쩍이는 칼을 내어 놓았다 해서 '칼 수좌'라는 별호를 얻었다고 한다.

전설적인 이 네 분은 모두 구한말 시대를 살았던 이들이다. '칼수좌'는 육이오 직전까지는 각 절의 객실에서 더러 볼 수 있었다고한다. 모두가 정확한 법명보다 별명이 더 알려진 것은 괴각질 때문이기도 하겠지만, 이 땅에서 소리 없이 수행하다 사라진 들꽃 같은 삶 때문일 게다.

절구통 수좌

율원 지대방에서 들은 이야기이다. 선방에서 겨울 안거를 지내는 스님이 들려주었는데, 지대방에 모인 대중 모두가 차 마시는 것도 잊고 이야기에 빨려들었다. 지대방에 둘러앉아 가끔 듣는 수행담은 속인들의 군대 시절 이야기만큼이나 재미있다. 이야기 하나를 만드느라고 군데군데 생각을 끼워 넣었다.

다들 그를 절구통 수좌라고 부르는 것은 다 그럴 만한 까닭이 있어서이다. 스님이 선방에서 목숨을 내놓고 한창 정진할 때에는 꼼짝도 하지 않았다. 한번 가부좌를 한 채 입선에 들면 방선 죽비가 울릴 때까지 요지부동 움직이지 않으니 그런 이름이 붙을 만도 했다. 태산처럼 앉아 있는 그의 모습에 초참 스님네가 절로 힘을 얻을 만큼 정진력이 대단했다.

그러던 절구통 수좌에게 조그만 토굴이 하나 생겼다. 시도라고는 몇 없는 암자의 주인이 된 셈이었다. 가끔 기도하러 오는 보살님들이 있어도 스님은 몇 마디 하지 않았다.

"잘 오셨습니다."

"공양 드시고 가시지요."

건네는 말이래야 기껏 이 정도였다. 친절하고 자상한 모습보다는 언제나 과묵한 수행자의 모습.

절구통 수좌가 다음날 있을 법회에 쓸 찬거리를 사서 암자로 돌아오던 중이었다. 동네 어귀에서 조그만 사건이 벌어졌다. 오토바이가 길을 가로막고 세워져 있어서 스님이 탄 차가 지나갈 수 없었던 것이다.

 길 옆 솔밭에서 오토바이 주인인 듯한 청년 셋이 술을 마시고 있었다. 오토바이를 치워 달라는 스님의 말에 그들은 비아냥거리며 이렇게 말했다.

 "어디 중놈 신통력으로 치워 보시지."

 절구통 수좌는 부아가 치밀었다. 과연 신통력을 보여줄 참이었다. 그래서 그들 앞에서 보란 듯이 오토바이를 끌어다가 논바닥에 처박았다. 그것도 두 대를 한꺼번에.

 그 뒤의 일은 뻔한 일. 싸움이라면 누구에게도 져 본 적 없는 절구통 수좌였다. 청년 셋을 몇 대 쥐어박고는 토굴로 돌아왔다.

 사흘이 지난 어느 날이었다. 장작을 패고 있는데 스님의 토굴에 때 아닌 오토바이 굉음이 들려 왔다. 바로 며칠 전에 때려 준 청년들이었다. 덩치가 좋은 친구들도 함께 데리고 온 것으로 보아 그냥 갈 것 같지 않았다.

 그들의 입에서는 입에 담지도 못할 막말이 마구 튀어나왔다. 일촉즉발의 순간, 항우장사라도 완력으로는 도저히 당해 내기 힘든 상황에서 절구통 수좌는 오히려 침착했다.

 "잠깐 기다리시오."

 방으로 들어간 스님은 먼저 좌구를 바르게 하고 장삼 위에 가사를 둘렀다. 그러고는 마치 속탈한 노승처럼 지그시 눈을 감고 앉았다. 밖에서는 빨리 나오지 않는다고 악을 쓰는 소리가 들렸다. 참다못해 그들이 방에까지 들어왔을 때, 절구통 수좌는 담담하게 그러나 힘 있게 말했다.

"나를 치시오. 며칠 전의 내 잘못은 인정하오."

청년들은 그 순간 멈칫했다. 당당하게 앉아 있는 절구통 수좌의 흔들림 없는 모습은 그들의 기를 꺾고도 남음이 있었다.

"나를 빨리 죽이시오."

머뭇거리는 그들을 또 재촉했다.

조금 뒤 방안의 싸늘한 침묵을 깬 것은 바로 그 청년들이었다.

"스님, 용서해 주십시오. 저희가 잘못했습니다."

그들 가운데 한 사람이 먼저 무릎을 꿇었다.

결국 그들은 몽둥이를 들지 못하고 산을 내려갔다. 그런 인연으로 오히려 절구통 수좌와 친하게 된 그들은 그때를 이렇게 회상하였다.

"저는 그때 조용히 앉아 계시는 스님의 모습에서 어떤 말할 수 없는 힘을 느꼈습니다. 어린 시절 엄마 따라 가 본 뒷절의 부처님 생각이 불현듯 나더군요. 도저히 스님을 칠 수가 없었습니다."

절구통 수좌가 평소에 다져 온 수행력이 그들을 감화시킨 것이다. 과연 그때 무슨 말이 통할 수 있었을까? 살아 있는 법문이란 바로 이를 두고 하는 말일 게다. 수행자의 당당한 호기는 머리에서 나오는 것이 아니라 수행을 통하여 자연스럽게 몸에 밴 힘에서 나오는 게다.

물리적인 힘은 법력을 이기지 못한다. 결국 이러한 힘은 깊은 이론 공부나 지식에서 얻는 것이 아니라 수행의 본분에 철저할 때 나타나는 자기의 울림인 것이다.

"옛 스님들의 행장에서 가끔 보곤 했는데 수행을 쌓으면 실제로 그런 일이 가능하군요."

내가 그런 경우를 당했더라면 어떠했을까? 비굴해졌을는지도 모른다.

절구통 수좌의 이야기를 끝낸 선방 스님은 이런 말을 하며 마지막 찻잔을 비웠다.

"진정한 수행자의 모습을 그 스님에게서 느낄 수 있었어요. 그렇다고 그 스님이 말을 잘하는 것은 아니었어요. 우리가 말하는 '중물'이 물씬 풍길 때 비로소 수행자는 제 값을 한다는 사실을, 무던하게 앉아 있던 그 스님에게서 확연히 깨달았지요."

지대방 이야기 1

1

국수를 목까지 차도록 잔뜩 먹은 스님의 이야기는 국수 공양이 있는 날이면 꼭 듣는 지대방 한담이다.

그날은 국수를 너무 많이 먹은 게 탈이었다. 목젖까지 가득 차도록 국수를 먹은 스님은 말을 할 수 없을 지경이었다. 입을 조금만 벌려도 내용물이 그냥 쏟아져 나올 것만 같았다. 스님네를 만나면 말 시키지 말라고 미리 손짓으로 알리며 포행하고 있었다.

담장을 돌아 일주문에 가까이 이르렀을 때 느닷없이 일본 순사와 마주쳤다. 목에다 잔뜩 힘을 준 일본 순사는 눈을 가늘게 뜨고 스님에게 물었다.

"주지 있소까?"

"……."

스님은 입을 꾹 다물고 손을 내저었다.

"말하기 싫소까?"

"……."

무슨 영문인지 모르는 순사는 자기를 무시하는 줄 알고 "주지 있소까, 없소까?" 하며 화를 벌컥 내었다. 그 소리에 놀라 엉겁결에 스님이 해 버린 말은, "푸아!"였다. 입안에서 부푼 국수가 왈칵 순사 얼굴에 쏟아졌다.

2

봉암사 선원에서 용맹정진하던 때의 일이다.

한 스님이 정신없이 졸고 있었다. 겨울 정진 때는 자정이 지나면 졸음이 스멀스멀 밀려오기 마련이다.

그때 갑자기 얼었던 보일러가 "꽝" 하고 터졌다.

졸고 있던 한 스님이 그 소리에 눈을 번쩍 뜨면서 "터졌다!" 하고 무릎을 딱 쳤다. 그러자 역시 곁에서 졸던 스님이, "그럼 우리는 어떻게 예를 올려야 하나요?" 하여 대중이 한바탕 웃었다.

진짜 도道가 터진 줄 알고 예를 갖추어 법문을 청하려 했던 것이다.

3

법운 스님과 노암 스님이 한 철을 공부하고 해제날이 되어 행각할 때의 이야기는 절로 웃음이 묻어난다. 그날 목이 컬컬하여 들어간 곳이 나이트클럽이라는 이름이 붙은 곳. 법운 스님의 노래 솜씨는 이미 여러 선방에 알려질 만큼 뛰어났다. 걸망을 걸머진 채 무대 위에서 멋지게 한 곡을 마쳤을 때 술을 마시던 사람들이, "중놈이 이런 곳을 다 오네. 정말 땡초군" 하면서 수군댔다. 그때 노암 스님이 사람들을 향해, "야! 이 사람들아, 진주는 똥 속에 있어도 진주다!" 하고 큰소리를 질렀다. 호탕한 고함소리에 마음이 통했던지 사람들이 앞다투어 "원효대사! 사명대사!" 하면서 환호했고, 법운 스님은 연거푸 앙코르송을 받았다. 거침없는 두 스님을 보고 그 옛날 원효 스님쯤으로 여겼던 것일까.

한 철 공부한 결과를 시험했던 두 수좌 스님의 당당한 모습이 부럽다. 내 수행으로는 그럴 자신도 없거니와, 어정쩡한 변명이나 늘 어놓을 게 뻔하기 때문이다. 굳이 논리로써 설명할 수 없는 이런 행동을 반드시 계율이라는 잣대로만 잴 수는 없지 싶다. 하늘을 찌를 듯한 기상과 땅을 뒤집을 만한 배포는 단순한 지식에서 얻어지는 것이 아니요 만용도 아닌 까닭이다.

4

한때 시장통을 다니며 탁발을 수행 삼아 하던 한 도반의 이야기는 우리를 배꼽 쥐게 한다. 스님이 몇 군데 가게를 돌고 이번에는 옷가게에 들렀다. 늘 하던 대로 반야심경을 목탁에 맞춰 크게 외우는데 아무래도 주인 여자의 반응이 애초부터 신통치가 않았다. 힐끔 쳐다보고는 모르는 척 고개를 돌려 버리는 것이었다. 대개 마음이 있는 사람들은 반야심경이 끝나기 전에 시주를 한다. 그런데 이번엔 반야심경을 다 마치고 다른 가게에서는 하지 않던 법성게를 외울 때까지 계속 곱지 않은 눈길을 보내고 있었다. 스님은 은근히 오기가 생겨 즉흥적으로 만들어 낸 염불을 또박또박 외웠다. "돈 안 주면 가나 사바하." 스님의 목소리가 커질수록 주인 여자의 귓불이 자꾸만 붉어졌다. "돈 안 주면 가나 사바하."

5

낙산사 홍련암에서 저녁 기도를 마친 부전 스님이 방으로 돌아와 쉬는 중이었다. 바로 옆방에서 보살네들이 하는 말이 들려 왔다.

"부전 스님 염불은 정말 형편없어요. 목소리가 맑지 못해요."

다음날 아침 기도 시간에 스님은 천수경의 첫 구절만 계속 외쳤다. "정구업진언淨口業眞言 수리수리 마하수리 수수리 사바하." 처음에는 의아해했으나 스님의 뜻을 알아차린 신도들은 얼굴을 붉히고 참회하였다. 기도에는 열중하지 않고 엉뚱한 일에 신경 쓰는 신도들의 자세를 잘 일깨워 준 것이다.

6

어떤 스님이 만행 길에 중국 식당에서 짜장면을 한 그릇 사 먹고 있었다. 파리가 자꾸 귀찮게 윙윙거렸다. 젓가락으로 파리를 쫓았다. 그런데 묘하게도 파리가 젓가락 사이에 정확하게 잡히는 게 아닌가. 그때 주방에서 그 장면을 훔쳐보고 있던 꼬마가 뛰어나와 무릎을 꿇었다. 그리고 심각하게 말했다. "사부님으로 모시겠습니다."

지대방에 앉으면 흔히 들을 수 있는, 주인공을 알 수 없는 이야기이다.

7

밤마다 대중들은 코 고는 소리에 잠을 설치기 일쑤였다. 유난히 코골이가 심한 스님이 하판에서 정진하고 있었기 때문이다. 삼경三更 죽비 소리가 나자마자 드르렁 소리를 낼 만큼 그 스님의 잠버릇은 유별났다.

그날도 큰방에서는 불을 끄고 모두 자리에 누웠다. 잠을 청하느라고 방은 곧 조용해졌다. 코 잘 고는 스님이 막 잠이 들었을 때였다. 옆자리에 누워 있던 스님이 코맹맹이 소리로 말했다.

"민방위본부에서 알려드립니다. 잠시 후 코골이 공습이 있겠습니다. 이에 경계경보를 발효합니다. 에에엥……." 숨죽이고 있던 대중들이 선실이 떠나갈 듯 한바탕 웃느라고 그날 밤 또 잠을 설쳤다. 송광사 선방에서 여름 안거를 지낼 때의 일이다.

1

"이 뭣고 화두는 '이것이 무엇이냐' 해야 옳습니다. 그런데 경상도 스님들이 판치다 보니 사투리로 '이 뭣고'가 되어 버렸어요."

구참 스님 한 분이 이렇게 말하자, 옆자리에 앉아 있던 충청도 출신 스님이 우스갯소리를 한다.

"그렇다면 우리 충청도는 이놈이 뭐래유, 라고 해야겠네요."

말장난은 재미있다. 아마 전라도 스님도 있었더라면 이렇게 덧붙였을 게다.

"야가 시방 무엇이다요."

2

청도 운문사 사리암은 나한 기도로 유명한 도량이다. 날마다 기도객이 끊이지 않는다.

"나반존자 나반존자……."

이렇게 명호를 부르며 열심히 기도한다. 한참을 따라서 하다 보면 '나반존자'가 바뀌어 이렇게 부르는 것처럼 들린다.

"나만 좋다 나만 좋다……."

3

수좌 스님이 해제날 차를 몰고 가다가 순찰차에 잡혔다. 그러고는, "스님, 속도 위반하셨습니다" 하는 순경의 말에 뭔가를 내밀었다. 그러자 순경이, "조심하십시오. 안녕히 가십시오" 하며 경례를 붙인다.

그 스님이 걸망에서 꺼내 보인 것은 바로 안거증이었다. 한문으로 된 데다 붉은 도장까지 찍혀 있으니 무슨 대단한 증명서쯤으로 생각했던 것이다. 멍하게 서 있는 순경의 모습이 뒷거울에 비치고 있었다.

스님들은 이따금 교과서에도 없는 이런 돌발적인 행동으로 위기를 모면하기도 한다.

4

금강산 마하연에 곰 행자가 살았다는 얘기는 노스님들은 다 아는 이야기다.

곰은 흉내를 잘 내는 동물이다. 스님들 하는 대로 따라서 잘하기 때문에 곰 행자라고 불렀다. 예불도 하고 후원에서 설거지도 하며 지냈다. 하루는 스님들이 절을 비운 사이에 곰 행자는 발우공양을 하고 싶었던 모양이다. 큰방에서 공양하는 스님들 모습이 무척 부러웠던 게다.

스님들이 등산 갔다가 내려오니 큰방에서 달그락달그락 하는 소리가 들렸다. 인기척을 내고 방문을 열었다. 곰 행자가 무릎 밑으로 발우를 숨기고 땀을 뻘뻘 흘리며 앉아 있었다. 그날 저녁 자초지종을 이야기하는 원주 스님의 말에 모두들 웃었다.

"곰 행자가 발우공양을 하려고 발우를 꺼내 놓긴 했는데, 어떻게 포개는지를 잊어 먹었나 봐요. 그래서 맞추느라고 달그락거리고 있던 차에 스님들이 돌아오자 그만 무릎 밑으로 감춘 것이에요. 애꿎게 발우 한 벌만 곰 행자 무릎에 깨어지고 말았어요."

　곰 앞에서 아기 재우는 시늉을 하시 말라고 한다. 곰이 따라서 아기를 재우다가 큰일을 내기 때문이다. 발우공양을 하고 싶어한 금강산 곰 행자는 그 뒤 보이지 않았다. 노스님들 말처럼 인도환생 人道還生하였나 보다.

지대방 이야기 3

1

화엄사에서 정진하던 종태 스님이 입적하였을 때의 일이다. 늘 함께 지내며 공부하던 도반들이 모여서 이제 겨우 불혹을 넘긴 나이에 갑자기 이승을 떠나 버린 고인을 추모하고 있었다. 제방 선원에서 정진한 그의 이력 때문에 많은 수좌들이 모인 가운데 다비식을 치렀다. 그리고 그날 저녁 습골拾骨을 하면서 한 줌 재로 돌아온 도반의 모습에 무상한 눈물이 앞을 적시는데, 누군가 사리가 나왔다고 소리쳤다. 스님들이 살펴보니 영롱한 사리가 분명했다. 그때 그 자리에 있던 어느 스님이 마치 속았다는 말투로 크게 외쳤다.

"종태 이 자식, 우리한테 놀면서 공부하라고 하길래 그런 줄 알았는데, 이제 보니 우리 모르게 자기 혼자만 짬지게 공부한 거네. 이 자식이 우리를 감쪽같이 속이고 가네. 괘씸한 놈."

그러고는 어깨를 들먹이며 웃었다.

종태 스님은 정말 도반들을 속이고 입적했다. 영롱한 사리가 수행의 증거라면, 그 누구보다 철저히 우리를 속인 것이 아닌지 모르겠다. 그의 밀행密行을 아무도 몰랐으니까.

살아가면서 사람을 속이는 일이 이처럼 훌륭하고 감동적이라면 자주자주 속고 싶은 심정이다.

2

어느 비구니 스님이 차를 몰고 고속도로를 달리다가 속도위반으로 경관에게 붙들리게 되었다. 초보인 비구니 스님이 어쩔 줄 몰라 머뭇머뭇하자 경관이 점심값이 없다고 친절하게 힌트를 주었다. 그러자 비구니 스님은 귓속말로 경관에게 "큰돈인데"라고 말했다. 호기심이 생긴 경관이 다시 "정말 큰돈입니까?" 하고 물어 보자, 스님이 재차 "네, 진짜 큰돈인데"라며 수표 한 장을 반쯤 꺼냈다 넣었다 하였다.

경관은 주위를 힐끔힐끔 살피더니 자동차 뒤로 가서 주섬주섬 열심히 셈한 뒤 스님한테로 다시 왔다. 그러고는 "스님, 계산이 제대로 되었는지 모르겠습니다" 하면서 돈 봉투를 찔러 주었다. 이어서 비구니 스님이 수표 한 장을 재빨리 꺼내어 경관에게 주었다.

비구니 스님은 한참을 가다가 그 돈 봉투를 살펴보고는 깜짝 놀랐다. 봉투 안에는 십만 원권 수표 여섯 장과 현금 삼십만 원이 들어 있었다. 그러니까 경관은 스님이 자꾸 큰돈이라고 말하니까, 백만 원짜리 고액 수표인 줄 알고 거스름돈으로 구십만 원을 스님에게 내준 것이다.

열심히 모아 둔 돈을 비구니 스님에게 얼떨결에 시주해 버린 그 경관의 표정이 어땠을까? 어쨌든 순진한 비구니 스님의 허물보다는 욕심 많은 경관의 잘못이 더 큰 것 같다.

장경각 뒷이야기

장경각 뒷길 풀베기 울력이 있었다. 울력을 마치고 수미정상탑 그늘에서 차담을 나누는 중에 "이 자리가 자칫 잘못했으면 선방이 될 뻔하였소" 하는 한주 원융 스님의 말에 모두들 귀가 솔깃해졌다. 차담 시간에 한두 편씩 듣게 되는 자투리 얘기는 자못 흥미로운 소참법문이 아닐 수 없다.

"72년, 핑퐁외교라 하여 미국의 닉슨이 중국을 방문한 일이 있었지요. 그때 모택동이 자신만만하게 보여준 그네들의 국보가 바로 만리장성이었어요."

듣고 보니 이십 년이나 지난 이야기고, 몇몇 구참들을 빼놓고는 잘 알지 못하는 까마득한 옛일이다. 멀리 앉은 스님들도 두런두런 나누던 얘기를 중단하고 자세를 고쳐 앉았다.

그 무렵 박정희 대통령도 닉슨이 한국을 방문하면 입을 딱 벌어지게 만들 세계적인 자랑거리를 찾고 있었다고 한다. 그래서 담당 비서관이 추천한 보물이 바로 해인사 대장경판이다.

목조건물은 화재의 위험이 크다 해서, 화재를 방지하고 폭격에도 끄덕하지 않을 건물로 장경각을 다시 짓는다는 정부의 방침이 세워졌다.

새로 지을 장경각은 도면에는 본디의 장경각과 똑같은 크기로 지하 1층, 지상 1층의 콘크리트 구조로 설계되어 있었다. 다시 말해 장경판고 두 동을 2층으로 포개어 놓은 형태와 같았다. 위치는 지금의 수미정상탑 자리인 장경각 바로 뒤켠으로 정해졌다.

기공식을 하려고 건설장비들이 도착하고 있을 때 명월당(지금의 보경당)에서는 대중공사가 한창 벌어지고 있었다. 큰스님과 수좌들의 주장은 하나도 틀리지 않았다. 해인사가 가야산에 터를 잡은 모습을 두고 행주형국行舟形局이라고 한다. 그러니까 큰 바다에 배가 떠 있는 모양이란 뜻이다. 그런 도량에 땅을 파고 지하를 만드는 일은 곧 배 밑을 뚫는 일이나 진배없다. 배가 흔들릴 지경인데 스님들이 그냥 있을 리 없었다. 게다가 목조 문화 속에 옹색하게 비집고 들어올 콘크리트 문화가 주는 이질감도 지적하지 않을 수 없었을 게다.

시간이 지날수록 대중공사의 여론은 새 장경각 건립을 반대하는 쪽으로 기울고 있었다. 급기야는 스님들이 몸으로 장비를 막는 사태가 벌어지고, 젊은 스님들이 소매를 걷어붙이고 큰소리를 지르자 그 기세에 정부 관계자들은 당황하지 않을 수 없었다. 그들은 대통령령이니 정부도 양보할 수 없다며 스님들을 회유하려 했다. 그때에 총무원장이던 경산 스님이 중재를 하느라고 대중들 앞에 나섰지만 말 한마디 꺼내지 못할 분위기였다고 한다. 예나 지금이나 해인사 스님들의 성격은 불같아서 경산 스님을 급기야는 남영호(지금은 없어진 연못) 밑으로 빠뜨릴 기세였다.

결국 부방장 스님이 정부 관계자와 마주 앉은 자리에서 적당한 위치를 찾던 끝에 극락전 쪽을 가리키면서 "저쪽이 좋소" 하여 설왕설래 일주일 만에 절충을 보았다.

그때 일을 이야기하자면 주지였던 봉주 스님의 공을 빠뜨릴 수 없다. 정부 관계자들 사이에서 '호랑이 주지'로 통할 만큼 봉주 스님은 똑 부러지게 일을 처리하였다. 스님은 매사에 철저히 정부의 이런 개입을 차단하고 자주권을 행사하는 무서운 스님이었다. 극락전 터에 신장경각을 짓는 과정에서도 스님이 나서서 "아무리 정부 사업이라 해도 성역을 해치는 일은 용서할 수 없다"며 호통을 친 일은 유명하다.

한번은 호기 있게 나서는 젊은 주지 스님의 기를 꺾으려고 경찰서에서 무장을 하고 온 적이 있었다. 그때 스님은 절 문을 걸어 잠그고 미동도 하지 않았다.

"우리 집안을 훔치려는 도둑놈들 물러가면 문을 열겠다."

정부의 입김 없이 당당하게 해인사의 권리를 확보하면서 일을 처리한 것은 봉주 스님이 처음이었다. 참으로 호법신장이 따로 없었다고, 그때 해인사에 살던 노스님들은 얘기한다.

새로 지은 장경각을 두고 한동안 뒷얘기도 많았지만 십 년째 선원으로 사용하고 있다.

"박 대통령이 선방 하나 지으려고 그랬던 모양이야. 지금은 얼마나 좋아. 큰절에서 떨어져 있으니 정진하는 데에는 아주 제격이지."

원융 스님의 한담이 끝날 즈음에는 앞에 놓인 햇감자도 많이 줄어 있었다.

노스님이나 선방의 구참들을 모시고 정진하면 세월 속에 묻혀버리기 쉬운 이런 뒷얘기들을 많이 듣는다.

지금 우리가 살고 있는 선방 건물이 신장경각으로 지어졌다는 사실은 널리 알려진 일이지만, 왜 극락전 터에 자리를 잡게 되었는 지는 아는 이가 드물다. 그때 장경각 뒤에 세웠더라면 두고두고 욕을 먹었을 게 뻔하다. 그때로서는 최신 기술을 다 동원하여 지은 건물이지만 결로현상 때문에 장경각으로 활용하지 못하고 한동안 비워 두다가 선방으로 개조하여 사용하고 있다.

절의 불사는 전통에 정통한 이가 원력으로써만 할 수 있는 일임에 틀림없다. 얄팍한 머리로는 선조들이 깊은 불심과 지혜로 이루어 낸 장경각의 그 탁월한 기능과 구조를 도저히 흉내 낼 수 없음을 장경각을 참배할 때마다 실감하게 된다. 실상 우리가 눈으로 볼 수 있고 또 과학으로 검증할 수 있는 부분은 우리의 삶에서 빙산의 일각에 지나지 않는다. 세상일은 자로 재듯이 확인할 수 없는 부분이 더 많다. 해인사 대장경 역시 세상 이치로 따질 수 없는 불가사의한 부분 가운데 하나이다.

삭발하는 날

| **인쇄**_ 2013년 2월 18일 | **개정판 발행**_ 2013년 2월 24일
| **지은이**_ 현진
| **펴낸이**_ 오세룡 | **펴낸곳**_ 담앤북스 | **등록번호**_ 제 300-2011-115호
| **주소**_ 서울특별시 종로구 익선동 34 비즈웰 O/T 917호 | **전화**_ 02)765-1251
| **편집·교정**_ 박성화, 허은희
| **디자인**_ 고혜정, 최지혜, 정경숙
| **이메일**_ damnbooks@hanmail.net
| **블로그**_ blog.naver.com/damnbooks
| ISBN 978-89-98946-00-5   03810

이 책은 저작권 법에 따라 보호받는 저작물이므로 무단전재와 복제를 금지하며,
이 책 내용의 전부 또는 일부를 이용하려면
반드시 저작권자와 담앤북스의 서면동의를 받아야 합니다.

정가 13,800원